Abitur Skript

Spanisch

Gymnasium

Baden-Württemberg

W0332596

STARK

Bildnachweis:
Kapitel 1: Krone © LongQuattro. Shutterstock; Karte Spanien © Alfonso de Tomas. Shutterstock
Kapitel 2: Frida Kahlo © UlMi. Shutterstock
Kapitel 3: Karte Lateinamerika © mlopez. Shutterstock
Kapitel 4: Wassertropfen © percom. Shutterstock; Silhouetten © terriana. 123rf.com
Weitere Abbildungen © Stark Verlag

Inhalt

ESPAÑA Los siglos XX y XXI

LATINOAMÉRICA Historia pasada y reciente

El español como lengua mundial

«También la lluvia»

«El viejo que leía novelas de amor»

Autorin: Silvia Vega Ordóñez

Vorwort

Liebe Schülerinnen und Schüler,

in diesem kompakten Skript finden Sie die für Ihre Abiturprüfung in Baden-Württemberg wesentlichen Inhalte. Es behandelt zum einen **landeskundliche Aspekte**, die für Ihre Spanisch-Prüfung im **Basis- oder Leistungsfach** relevant sind, zum anderen das **literarische Schwerpunktthema** mit seinen beiden Pflichtwerken.

- Im **Landeskunde-Teil** zu **Spanien** werden die wichtigsten Informationen zur neueren spanischen Geschichte (Bürgerkrieg, *Franquismo*, *Transición*) und Gegenwart übersichtlich präsentiert, aktuelle gesellschaftliche Themen aus den Bereichen Politik und Gesellschaft werden verständlich und kompakt dargestellt.
- Der **Landeskunde-Teil** zu **Lateinamerika** gibt einen Überblick über zentrale Ereignisse in der Geschichte des Kontinents seit 1492 (Entdeckung, *Conquista*, Unabhängigkeitsbewegungen, Diktaturen des 20. Jahrhunderts) und widmet sich zudem aktuellen gesellschaftlichen Problemen.
- Die beiden Werke, die im Rahmen des **literarischen Schwerpunktthemas** verpflichtend behandelt werden müssen, werden umfassend vorgestellt: der Film „**También la lluvia**" und das dritte Kapitel des Romans „**El viejo que leía novelas de amor**".
- Zahlreiche **Grafiken** (Zeitstrahlen, Mindmaps, Karten etc.) visualisieren die Inhalte und erleichtern Ihnen so das Lernen.
- Das Skript ist auf **Spanisch** verfasst und dient so auch der **sprachlichen Vorbereitung** auf das Abitur. In **Vokabelkästen** werden relevante Wörter zu den einzelnen Themenbereichen verständlich erklärt. Hochgestellte Zahlen im Fließtext verweisen auf diese Vokabelerläuterungen.

Eine ideale Ergänzung zu diesem Buch ist der Band „Abiturprüfung Baden-Württemberg – Spanisch Basis- und Leistungsfach" (Bestell-Nr. 85540).

Viel Erfolg beim Lernen und im Abitur!

Silvia Vega Ordóñez

ESPAÑA Los siglos XX y XXI

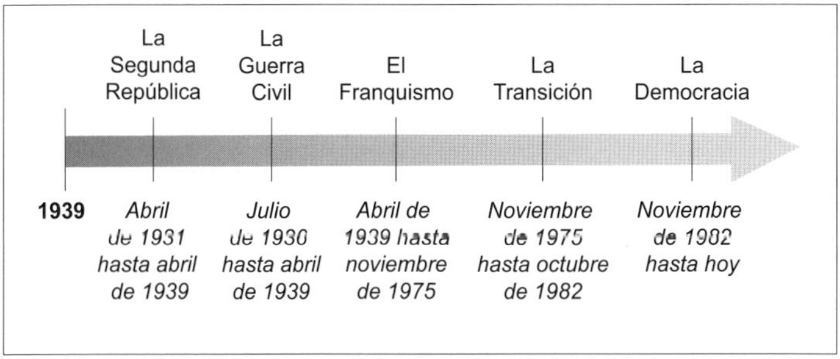

1 La Segunda República (1931-1939)

Régimen parcialmente democrático que existió en España desde 1931, sustituyendo a la monarquía de Alfonso XIII, hasta 1939 (final de la Guerra Civil, comienzo de la dictadura franquista). A partir de 1936 (comienzo de la Guerra Civil) la República de facto dejó de existir en territorio español, pero sus instituciones se mantuvieron en el exilio, pues la mayoría de sus miembros había huido de España.

Sucesos importantes

Septiembre de 1923	Golpe de Estado de Miguel **Primo de Rivera** → el rey Alfonso XIII le otorgó[1] el poder → **dictadura** de Primo de Rivera hasta 1930
14 de abril de 1931	Proclamación de la Segunda **República**
17 de julio de 1936	**Golpe de Estado** contra el gobierno republicano por una parte del ejército
18 de julio de 1936	Comienzo de la **Guerra Civil**
1 de abril de 1939	Final de la Guerra Civil, comienzo de la **dictadura franquista**

Logros

- Reforma educativa, alfabetización
- Libertad de prensa y de opinión
- Derechos de las mujeres: sufragio universal[2], Ley del Aborto, Ley del Divorcio
- Separación de Iglesia y Estado, libertad de culto[3], matrimonio civil

Desafíos

- Sociedad fundamentalmente **rural**[4] (un 45,5% de la población activa trabajaba en la agricultura) que aún no había experimentado la Revolución industrial
- Enormes **diferencias sociales** y económicas (paro, pobreza)
- La gran **Reforma Agraria** enfrentó a la burguesía[5], a los terratenientes[6] y a los mismos campesinos porque no tenía los efectos deseados
- Oposición por parte de la **Iglesia** que perdió sus privilegios
- **Cuestión regional**: estatuto de Autonomía de Cataluña

Etapas de la Segunda República

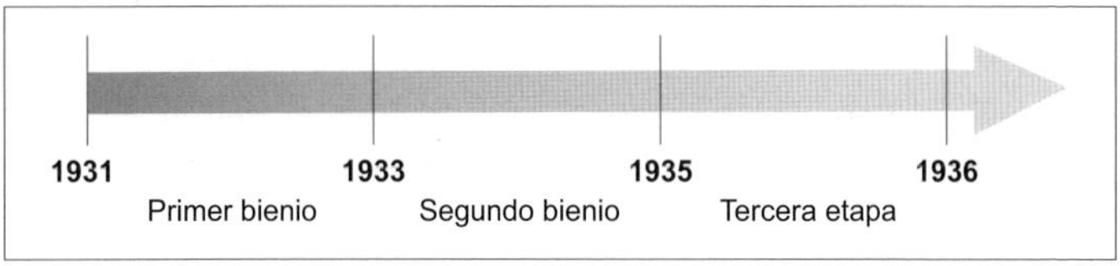

Primer bienio (1931-1933)

Etapa con reformas para modernizar España gracias a una coalición republicano-socialista → estabilidad política.

Segundo bienio o bienio negro (1933-1935)

Etapa que cambió las reformas del primer bienio con el gobierno del Partido Republicano Radical → inestabilidad política.
Durante esta etapa estalló la **Revolución de 1934** en Asturias (preludio de la Guerra Civil) que terminó por la violenta intervención del ejército dirigido por el general Francisco Franco. Hubo más de mil muertos.

Tercera etapa (1935-1936)

El Frente Popular (coalición de partidos de izquierda) ganó las elecciones generales de 1936. La situación política **sigue inestable**: división interna del Frente Popular; diversos presidentes dentro de poco tiempo; movilización campesina por la «cuestión agraria»; huelgas organizadas por los sindicatos; acciones violentas de la Falange Española[7]…

Vocabulario

1 otorgar: dar, conceder
2 el sufragio universal: el derecho al voto de todos los ciudadanos
3 la libertad de culto: la libertad de practicar cualquier religión
4 rural: del campo
5 la burguesía: grupo social de clase media alta
6 el/la terrateniente: propietario/-a de grandes extensiones de tierra
7 la Falange Española: partido de ideología fascista y de la extrema derecha

2 La Guerra Civil (1936-1939)

Un 18 de julio se inició la Guerra Civil, acontecimiento que cambió radicalmente la historia de España hasta la actualidad.

Antes de la Guerra Civil

La Segunda República española finalizó bruscamente con el inicio de la Guerra Civil. Poco antes de que explotara la Guerra Civil…

- se produjo una serie de atentados y bombas por parte de anarquistas y falangistas.
- militares extremistas (entre ellos los generales Emilio Mola y Francisco Franco) planeaban un golpe de Estado; una junta militar, presidida por el general Sanjurjo, que estaba en el exilio en Portugal, reemplazaría al gobierno democrático.
- el asesinato de José Calvo Sotelo, ministro durante la dictadura de Primo de Rivera, polarizó[1] aún más a la clase media española.

El estallido de la Guerra Civil

- El 17 de julio de 1936 la guarnición del Ejército español en el Norte de África se sublevó contra el gobierno republicano.
- El golpe de Estado fracasó, pero el alzamiento se extendió a la Península y a las islas (Canarias y Baleares).
- España quedó dividida en una zona controlada por los militares sublevados y una zona republicana → inicio de la Guerra Civil.

Los bandos enfrentados (los beligerantes[2])

	El bando republicano	El bando sublevado (nacional)
Ideología	Comunista, socialista, anarquista	Nacionalista, conservadora, anticomunista, católica
Formado por	El gobierno republicano, el Frente Popular (diversos grupos en coalición), los sindicatos	Grupos conservadores como la fascista Falange Española, los carlistas[3], los monárquicos alfonsinos de Renovación Española[4]
Apoyo a nivel nacional	• Las clases sociales más bajas • Parte de los campesinos y obreros • Los intelectuales • Las personas de pensamientos izquierdistas	• El Ejército • La Iglesia católica • La burguesía • Los terratenientes • Parte de los campesinos y obreros
Apoyo a nivel internacional	• Las Brigadas Internacionales[5] • La Unión Soviética • México • Francia	• La Alemania nazi (Legión Condor) • La Italia fascista • Portugal
Personas importantes	• Francisco Largo Caballero (presidente republicano 1936-1937) • Juan Negrín (presidente republicano 1937-1939)	• Emilio Mola, José Sanjurjo, Francisco Franco: militares sublevados • La muerte de Sanjurjo y de Mola dejó a Franco como líder de los golpistas

La Guerra Civil no suponía solamente una lucha entre la dictadura militar y la democracia republicana, sino también una…

- **lucha de clases sociales:** las diferencias sociales entre la población eran muy grandes.
- **guerra de religión:** la Iglesia apoyó al bando rebelde; durante la guerra hubo una persecución a la Iglesia por parte del bando republicano, así como la destrucción de patrimonio artístico religioso.
- **lucha ideológica** entre ambos bandos puesto que sus ideales eran completamente opuestos.

Sucesos importantes durante la Guerra Civil

Agosto de 1936	**Batalla de Madrid** (entonces sede del gobierno republicano) → se convirtió en una batalla de asedio[6] → intento de Franco de conquistar la capital con ayuda de tanques[7] italianos y alemanes; bombardeo de población civil
26 de abril de 1937	**Bombardeo de Guernica:** ataque aéreo a población civil por la Legión Condor alemana y la Aviación Legionaria italiana (apoyaron a los nacionales), 100 a 300 víctimas
Diciembre de 1937 a febrero de 1939	**Batalla de Teruel:** victoria del ejército republicano, pero gran pérdida de hombres y equipo
Julio a noviembre de 1938	**Batalla del Ebro:** batalla más larga; decidió el final de la Guerra Civil (derrota de la República)
Enero de 1939	**Caída de Barcelona**
Marzo de 1939	**Caída de Madrid**
1 de abril de 1939	**Fin de la Guerra Civil:** el general Francisco Franco declaró su victoria; inicio de una dictadura que duró casi cuarenta años

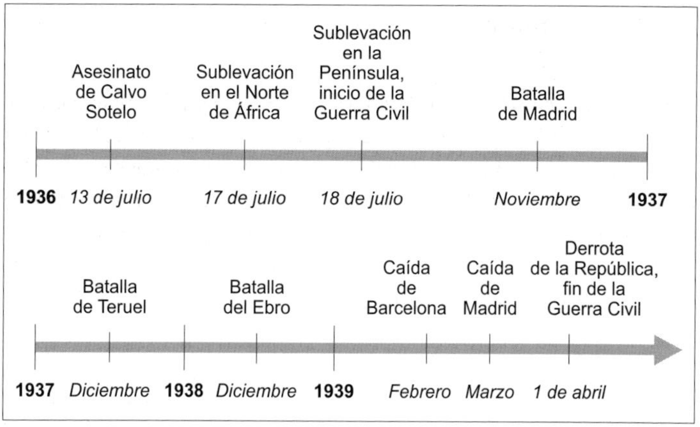

Las consecuencias de la Guerra Civil

- **Demográficas**: disminución de la población por muertes y poca natalidad
- **Materiales**: destrucción de ciudades, de la estructura económica, del patrimonio artístico
- **Intelectuales**: fin de la llamada Edad de Plata de las letras y ciencias
- **Políticas**: represión de los vencedores contra los vencidos durante todo el franquismo; exilio republicano incluso mucho después de la posguerra

Vocabulario

1 polarizar: *spalten, trennen*
2 el/la beligerante: país que está en guerra
3 los carlistas: apoyaban el tradicionalismo y una rama monárquica alternativa de los Borbones
4 los alfonsinos: apoyaban la restauración de Alfonso XIII (de la casa de Borbón) al trono, se organizaban en el partido político «Renovación Española»
5 las Brigadas Internacionales: unidades militares de voluntarios de 50 países que lucharon en la Guerra Civil apoyando a los republicanos
6 el asedio: acoso rodeando un lugar y no permitiendo que entre o salga nada
7 el tanque: *Panzer*

3 El Franquismo

Régimen **autoritario** y **antidemocrático** que gobernó España durante 36 años tras la Guerra Civil y la victoria del bando sublevado. Francisco Franco es quien ejerció un poder totalitario hasta su muerte en 1975. Los primeros años de la dictadura franquista se caracterizaron por la **represión sistemática**, el control de la información, la miseria y la desmoralización de los españoles. Con el tiempo hubo un desarrollo económico y una pequeña liberación que llevó a una mayor oposición contra el Régimen.

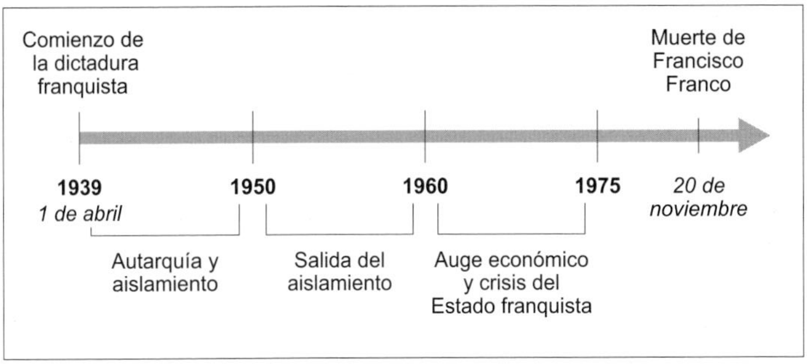

Etapas del Franquismo

Primera etapa franquista (1939-1950)

Periodo de la **autarquía** (economía autosuficiente) y del **aislamiento**[1]

- **Afianzamiento[2] de una dictadura absoluta, personal y totalitaria:** tras el fin de la Guerra Civil, causado por la victoria del bando sublevado (nacionales) frente a la República
- **Economía autárquica:** no había comercio exterior → se consumía lo que se producía limitando el consumo de la población a través de presencia de cartillas de racionamiento[3] → nacimiento de un mercado negro de alimentos de primera necesidad

- **Identificación con las «potencias del eje»** (Alemania nazi, Italia fascista) hasta el año 1942; sin embargo, Franco no quiso participar en la Segunda Guerra Mundial
  - Reunión entre **Hitler** y **Franco** en Hendaya (1940) → no llegaron a un acuerdo, España no entró oficialmente en la guerra, pero envió voluntarios al frente ruso (la División Azul)
  - A finales de 1943, el gobierno franquista **se declaró neutral** por la presión de los Aliados (países contrarios a las potencias del eje como Gran Bretaña y Francia) y retiró la División Azul
  - las Naciones Unidas condenaron a España por aliarse a favor de las potencias del eje y le negó el ingreso a la ONU
- **Dura represión hacia los republicanos:** seguía habiendo penas de muerte y las cárceles se llenaron de prisioneros
- **Leyes fundamentales:** p. ej. la Ley del Fuero de los Españoles (1945) → derechos, libertades y deberes de los españoles; la Ley de Sucesión en la Jefatura del Estado (1947) que declaró España como «unidad única, católica y social»

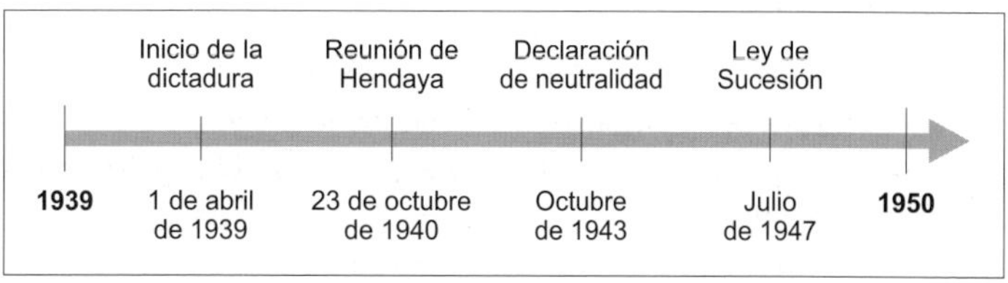

Segunda etapa franquista (1950-1960)

Salida del aislamiento exterior debido a…

- la firma de un **acuerdo con el Vaticano** que mostró las buenas relaciones entre ambas partes.
- los Pactos de Madrid: **ayuda de EE. UU.** a restablecer relaciones con otros países y con organismos internacionales (entrada en la ONU); ayuda económica, créditos → a cambio Franco permitió a EE. UU. instalar bases militares en España.
- la **crisis económica** de 1959 → Franco puso en marcha el Plan de Estabilización (Plan Marshall) para ahorrar y mejorar la economía abriendo el mercado español al exterior.

- los nuevos ministros más alejados de las doctrinas falangistas en el gobierno → mejora en el sistema productivo y apertura de los mercados.

Paralelamente España renunció al protectorado de Marruecos (1957) → enfrentamientos[4] en el Ifni (territorio del suroeste de Marruecos).

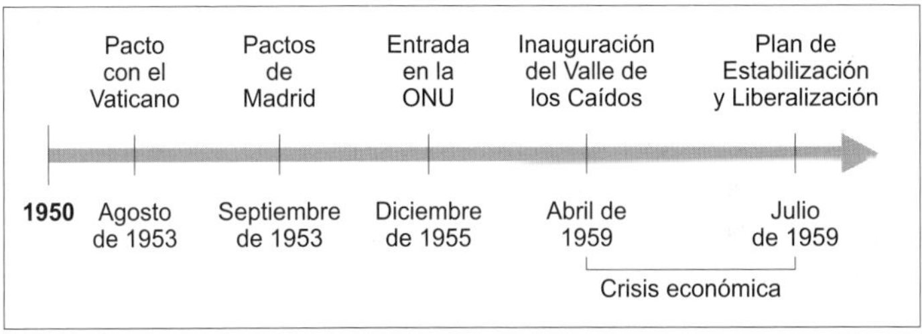

Tercera etapa franquista (1960-1975)

Desarrollo, **modernización** del sistema económico y **crisis** del estado franquista que llevó a su desaparición.

- **Se produjo el mayor auge económico debido…**
  - al turismo de sol y playa por las costas del Mediterráneo.
  - a los ingresos de los emigrantes que se fueron de España en los años de pobreza.
  - al crecimiento de grandes inversiones extranjeras.
  - a una lenta, pero progresiva modernización en el tema de las estructuras y maquinarias agrícolas.

  → Sociedad de consumo, crecimiento de la clase media
- **La influencia de los «aperturistas»[5] llevó a…**
  - la Ley de Prensa de 1966: más libertad de expresión en los medios de comunicación anteriormente controlados por la dictadura.
  - la Ley de Libertad Religiosa de 1967.
- **La oposición al franquismo aumentó a causa de…**
  - los apoyos intelectuales desde el exilio.
  - algunos miembros la Iglesia Católica que querían desvincularse del régimen.
  - el fortalecimiento del partido comunista español.
  - las manifestaciones de estudiantes y obreros contra el régimen.

- el origen de la organización terrorista ETA[6] que acabó con la vida de muchas personas.
- el abandono de la colonia española en Marruecos.

- **Sucesión en el gobierno:** En 1972 y con 80 años, Francisco Franco dejó la presidencia en manos de Luis Carrero Blanco, almirante del ejército. Después del asesinato de Carrero Blanco por ETA en 1973, fue sucedido por Carlos Arias Navarro que quería poner en práctica una política aperturista (que al final no consiguió). El atentado contra Carrero Blanco tuvo numerosas repercusiones en la sociedad española.
- **Muerte de Francisco Franco el 20 de noviembre de 1975 →** fin de la dictadura franquista e inicio de la Transición española.

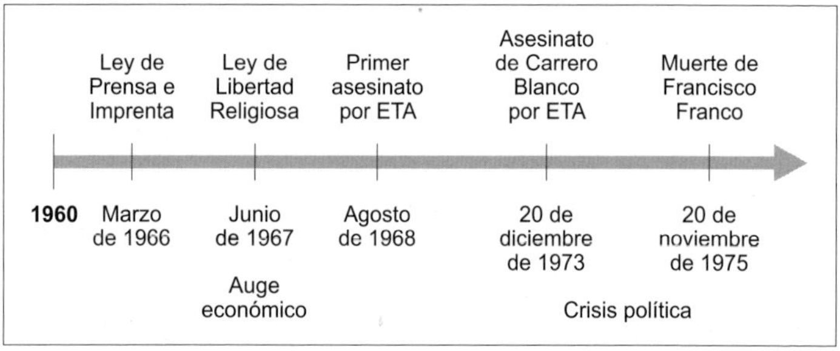

Vocabulario

1 el aislamiento: la falta de contacto con el exterior
2 el afianzamiento: *Festigung*
3 la cartilla de racionamiento: tarjeta con la que se podía conseguir una cantidad limitada de alimentos y materiales de primera necesidad
4 el enfrentamiento: el confrontamiento
5 el/la aperturista: persona que apoya la innovación y el contacto con el exterior
6 ETA (Euskadi Ta Askatasuna = País Vasco y Libertad) (1959-2018): organización terrorista nacionalista vasca; sus objetivos eran la independencia de España y la construcción de un Estado socialista en el País Vasco

fundamentos y rasgos ideológicos, sociales y políticos del franquismo

Concentración del poder político:
Francisco Franco (también llamado «el Caudillo») tenía poder absoluto sobre todos los aspectos de la vida nacional y social

Símbolos fascistas:
uniformes militares similares a los que se utilizaban en la Italia de Mussolini o la Alemania nazi, entre otros

Ejército:
su representación formaba parte de la vida cotidiana de los españoles (fiestas, desfiles…)

Tradicionalismo:
conservación de las tradiciones históricas (la Reconquista, el Imperio, el Siglo de Oro…)

Nacional catolicismo:
la Iglesia Católica apoyó la dictadura de Franco; controló la vida social y la educación a través de una estricta moral católica

Control de los medios de comunicación:
con una fuerte censura y manipulación de los periódicos se controlaba la opinión de los ciudadanos para que fueran fieles al Régimen

Centralismo:
España como unidad sin espacio para nacionalismos; el castellano era la única lengua permitida, prohibiéndose las lenguas regionales además de cualquier símbolo regional, p. ej. las banderas

Anticomunismo:
oposición total al comunismo y a cualquier ideología de izquierdas; EE. UU. (también anticomunista) sentía simpatía política por el franquismo

Prohibición de partidos políticos:
los representantes de los españoles fueron elegidos directamente por el Estado; el único partido legal era el partido Falange Española Tradicionalista y de las Juntas de Ofensiva Nacional Sindicalista (FET y de las JONS)

4 La Transición

La Transición es el periodo histórico que dura desde la **muerte de Franco** hasta la **consolidación de la democracia** en España.
Hay diferencias según los historiadores sobre hasta cuándo duró esta etapa de transición. Para unos duró hasta la redacción de la Constitución española (1978) después de las primeras elecciones libres (1977). Para otros, la fecha de fin de la Transición es el 28 de octubre de 1982, día en el que el UCD (Unión Centro Democrática, el partido que llevo a cabo los cambios necesarios para una España democrática) perdió las elecciones dando paso a un gobierno socialista con el PSOE (Partido Socialista Obrero Español).

1975

20 de noviembre de 1975	Muerte de Francisco Franco	
22 de noviembre de 1975	Proclamación de Juan Carlos I como rey de España	
Julio de 1976	Dimisión de Carlos Arias Navarro	**1976 a 1981:** Adolfo Suárez (UCD) presidente
Junio de 1977	Primeras elecciones libres	
Diciembre de 1978	Constitución española	
Enero de 1981	Dimisión de Adolfo Suárez, sucesor: Leopoldo Calvo Sotelo	
23 de febrero de 1981	Golpe de Estado	
28 de octubre de 1982	Segundas elecciones, victoria del PSOE	

1982

Personas importantes

El rey Juan Carlos I	Elegido por Franco para continuar con el Franquismo en forma de monarquía. Aunque al principio cumplió las leyes franquistas, el rey se rodeó[1] de asesores que le ayudaron a conseguir el cambio político llamado «la reforma».
Carlos Arias Navarro	Dirigió el país en la etapa final del Franquismo (después del asesinato de Carrero Blanco). Continuó gobernando como durante la dictadura con represión y violencia. El rey lo destituyó[2] del cargo.
Adolfo Suárez González	Joven político que procedía del Movimiento[3] y que fue elegido por el rey para convencer a los políticos franquistas de la necesidad del cambio y conseguir una transición de la dictadura a la democracia sin violencia. También legalizó en 1977 los partidos políticos de la oposición.

Desafíos

- **Peligro de un golpe militar**: los militares fieles al Régimen de Franco rechazaban la democracia.
- **El terrorismo de ETA**: el grupo terrorista vasco llevó a cabo atentados para conseguir la libertad del País Vasco, entre otros puntos.

Sucesos importantes

- **Primeras elecciones democráticas**: el 15 de junio de 1977 se celebraron las primeras elecciones en democracia, convocadas por el presidente Adolfo Suárez → las Cortes resultantes de estas elecciones aprobaron poco después la Constitución de 1978.
- **Estado de las Autonomías**: la ordenación administrativa del territorio en comunidades autónomas (17 comunidades y dos ciudades autónomas, Ceuta y Melilla).
- **Golpe de Estado**: en 1981 algunos militares dieron un golpe de Estado sin éxito.

Vocabulario

1 rodearse: *sich umgeben*
2 destituir: quitar a alguien de su cargo
3 el Movimiento Nacional (o simplemente «Movimiento»): conjunto de organismos y mecanismos que componían el régimen franquista

5 La democracia desde 1982

1982

1983	Termina el proceso autonómico	
1986	España ingresa en la Comunidad Económica Europea	
1999	España adopta el euro como moneda, aunque la peseta perdurará hasta el año 2002	
2002	Empieza a circular el euro como moneda única	
11 de marzo de 2004	El atentado de Madrid: ataques terroristas en cuatro trenes de cercanías por terroristas yihadistas	
2008	Comienzo de la crisis económica	Crisis económica
Octubre de 2011	ETA anuncia el cese de su actividad armada	Crisis económica
15 de mayo de 2011	Movimiento 15-M: movimiento de los indignados, comenzó con la acampada tras una manifestación a favor de la democracia y en contra del bipartidismo PSOE-PP	Crisis económica
Junio de 2014	Felipe VI es proclamado rey de España	Crisis económica
17 de agosto de 2017	Serie de atentados en Barcelona (atropello masivo en el paseo de Las Ramblas) y Cambrils	
Octubre de 2019	Exhumación y reubicación del cadáver de Francisco Franco	
2020/2021	La pandemia del coronavirus golpea duramente a España (declaración del estado de alarma, limitación del movimiento de los ciudadanos)	

hoy

Sistema político en España

- En España las elecciones generales se celebran cada cuatro años.
- Los españoles eligen a los miembros del **Congreso de los Diputados** y del **Senado**. El Congreso de los Diputados y el Senado forman las **Cortes Generales** (el poder legislativo).
- Los miembros del Congreso de los Diputados son elegidos por un **sistema de representación proporcional** (el número de votos indica el número de escaños[1]).
- Los miembros del Senado son elegidos por un **sistema mixto**: unos son elegidos mediante un sistema mayoritario y otros lo son por los parlamentos de las Comunidades Autónomas.

Esquema del sistema político español

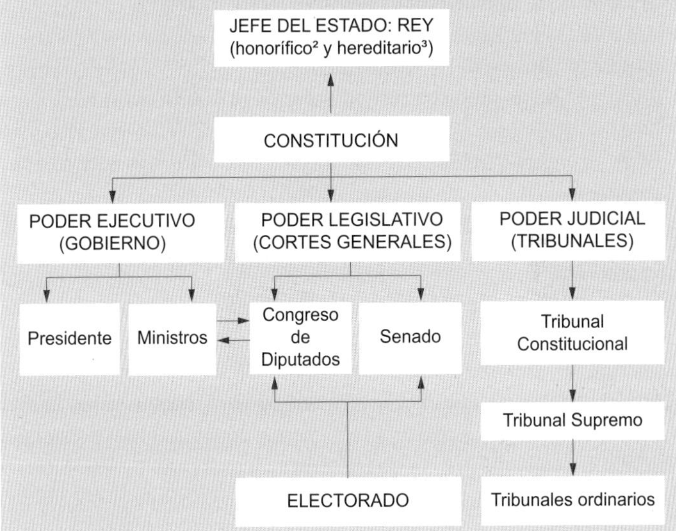

Vocabulario

1 el escaño: puesto representativo en una cámara representativa
2 honorífico/-a: *Ehren-*
3 hereditario/-a: que pasa de padres a hijos u otro familiar

6 La Memoria Histórica

Búsqueda del pasado, en este caso de lo sucedido durante la Guerra Civil y la dictadura de Franco. Asociaciones como la *Asociación para la Recuperación de la Memoria Histórica* (ARMH) y el *Foro por la Memoria* luchan por el reconocimiento de todas las víctimas y la exhumación[1] de las fosas comunes[2].

La nueva **Ley de Memoria Democrática** (2021) del gobierno socialista de Pedro Sánchez (PSOE) sustituye a la Ley de Memoria Histórica del año 2007 (gobierno socialista con José Luis Rodríguez Zapatero como presidente). La nueva ley prevé, entre otros:

- convertir el Valle de los Caídos en un **cementerio civil** y evitar todo acto de tipo político en el conjunto.
- **prohibir** todo tipo de **glorificación** de la guerra o de la dictadura.
- ilegalizar la Fundación Franco.
- **anular los juicios del franquismo**.
- dotar[3] al Estado de los **recursos necesarios** para la **exhumación** de las fosas comunes.
- crear un **banco nacional de ADN**[4] para identificar los restos exhumados.
- realizar un **censo oficial de víctimas** de la guerra y de la dictadura.

Con todo esto, la nueva ley va más allá de la de 2007. P. ej., encarga al Estado la exhumación e identificación de los restos mortales enterrados en fosas comunes y establece un presupuesto[5] para realizar esta tarea. La norma del 2007 no obligó a las Comunidades autónomas a apoyar económicamente las exhumaciones, por lo que en muchos casos fueron las familias quienes las financiaron. Durante el gobierno del presidente Mariano Rajoy simplemente no hubo presupuesto para la aplicación de esta ley, dejándola sin efecto.

Vocabulario

1 la exhumación: sacar el cadáver de donde estaba enterrado
2 la fosa común: tumba para muchas personas sin identificar
3 dotar de: *ausstatten mit*
4 el ADN: *DNA*
5 el presupuesto: dinero que se puede usar para un proyecto, p. ej.

7 La educación

El sistema educativo

10 años de educación obligatoria	
Educación Primaria	6 años
Educación Secundaria Obligatoria **(ESO)**	2 ciclos en 4 años
La educación obligatoria pública es gratuita, pero el material escolar es financiado por las familias (becas[1] para familias con ingresos muy bajos) → mercado de libros usados en la red o en mercadillos específicos	

⇩

Educación no obligatoria	
Con la **ESO aprobada** existen principalmente dos opciones: estudiar el Bachillerato o hacer una formación profesional.	
Bachillerato (2 años) + prueba de acceso (Evaluación de Bachillerato para el Acceso a la Universidad = EBAU)	Ciclos Formativos de Grado Medio (título de técnico)
⇩	⇩
Formación Profesional Superior Universidad (título de grado[2], título de máster…)	Formación Profesional Superior (título de técnico superior)
	⇩
	Universidad

Sin la ESO aprobada existen varias opciones, p. ej.:	
Formación Profesional Básica Preparación a la prueba de acceso a los Ciclos Formativos de Grado Medio	Formación Profesional para el Empleo
⇩	⇩
Ciclos Formativos de Grado Medio	Encontrar empleo

Bilingüismo y trilingüismo

El sistema educativo español ofrece programas educativos **bilingües** en muchos institutos (→ se imparten[3] asignaturas específicas en inglés). En las comunidades con una lengua cooficial[4] se puede llegar a ofrecer una educación **trilingüe** (español, inglés, lengua cooficial).

Fracaso escolar

- España es el primer país de la Unión Europea en fracaso escolar[5] (un 17% de jóvenes entre los 18 y los 24 años), aunque los datos han mejorado en los últimos años.
- Los chicos abandonan las aulas antes que las chicas.
- Factores:
  - origen socioeconómico y cultural de las familias
  - costes de la educación postobligatoria[6], tanto directos (tasas, material escolar…) como indirectos (transporte, alimentación, ingresos[7] que se dejan de percibir por estudiar)

Vocabulario

1 la beca: ayuda económica para estudiar o investigar
2 el título de grado: *entspricht dem deutschen Bachelor*
3 impartir: dar, enseñar
4 cooficial: oficial junto a otra lengua
5 el fracaso escolar: cuando los jóvenes abandonan la escuela antes de haber finalizado la ESO o empiezan a trabajar directamente después de la ESO (sin formación profesional)
6 la educación postobligatoria: todo tipo de formación después de la ESO
7 los ingresos: el dinero que se gana, el sueldo

8 Los jóvenes españoles

Los jóvenes españoles se van de casa más tarde que otros europeos.

Datos	• El 53% de los jóvenes entre 24 y 29 años aún viven con sus padres. • El 25% lo sigue haciendo entre los 30 y los 34 años (fuente: Instituto Nacional de Estadística, 2018).
Causas	• **Económicas:** trabajos precarios[1], precios altos de la vivienda, falta de apoyo económico del Gobierno • **Sociales:** miedo a perder el trabajo (apoyo familiar), apogo[2] a la familia, es socialmente aceptado vivir en casa hasta crear una familia propia
Mileuristas	Son personas que, a pesar de tener una formación superior, tienen ingresos de aprox. 1000 euros al mes (por debajo del salario medio). Si ganan menos de 1000 euros, son **nimileuristas**. Carolina Alguacil usó por primera vez este término en una carta al diario *El País* en 2005.

Paro juvenil

Datos	La tasa de paro juvenil en España es muy elevada (más de un 32%), muy por encima de la media europea.
Causas	• La falta de **formación** • Las dificultades de **acceso al mundo laboral:** poca experiencia laboral, desconocimiento en la búsqueda de trabajo, pocos contactos para conseguir empleo • La **incorporación tardía**[3] al mercado laboral: prolongación de los estudios (→ falta de experiencia y sobrecualificación)
Consecuencias	• **Los nini:** son jóvenes que ni estudian ni trabajan, viven con y de sus padres. • **La emigración:** son sobre todo jóvenes con educación superior y poca experiencia laboral que se van (a países de lengua inglesa o países de la UE).

Vocabulario

1 el trabajo precario: trabajo realizado en malas condiciones, p. ej. por poco dinero, muchas horas, sin contrato…

2 el apego: relación afectiva intensa

3 la incorporación tardía: comenzar a trabajar con una edad por encima de la media

9 El turismo

España es el **segundo país más visitado** del mundo (datos del año 2019). El sector turístico representa alrededor del 11% del producto interior bruto. El turismo como factor económico empezó a crecer en la década de los 60. Un año muy importante para el turismo español fue 1992 (celebración del quinto centenario del Descubrimiento de América; Juegos Olímpicos de Barcelona; Exposición Universal de Sevilla).

Tipos de turismo

Turismo de masas

El turismo de masas o masivo se caracteriza por un número elevado de personas que visitan un lugar en un espacio de tiempo. Los viajeros son atraídos por las **playas**, el agradable **clima** y la **gastronomía**. Los principales lugares de interés son: Cataluña (Barcelona), Canarias, Islas Baleares.

Problemas	• Infraestructuras sobrecargadas[1] (transportes, alojamiento, servicios de agua y electricidad…) • Subida de precios: inmuebles, servicios básicos (p. ej. alimentos), ocio… • Pérdida de identidad de barrios y lugares, adaptación a los gustos de los turistas
Consecuencias sociales	**Turismofobia:** Reacción de los habitantes de un lugar muy visitado (p. ej. Barcelona) por los cambios en sus vidas (ver problemas arriba).
Objetivos	Turismo de calidad y control (fomentar el turismo cultural y rural/de naturaleza, atraer a turistas en las temporadas bajas, apoyar el desarrollo turístico de las regiones sin costa)

Turismo cultural

Otra tendencia turística gracias al abundante **patrimonio**[2] **artístico** y **cultural**. Muchas fiestas también son patrimonio cultural.
Los principales lugares de interés: La Alhambra de Granada, la Mezquita de Córdoba, la Mérida romana de Extremadura, lugares históricos de Castilla y León, las grandes ciudades…
Las principales fiestas de interés: Los Sanfermines (Pamplona), la Tomatina (Valencia), la Semana Santa (en toda España, especialmente importante en el sur)

Turismo de naturaleza

La belleza del paisaje del norte de España atrae a muchos turistas. El clima, que es más fresco y húmedo que en otras regiones españolas, es ideal para **actividades deportivas** (hacer senderismo, ir en bicicleta, esquiar, escalar…). El **turismo rural** juega un papel importante, pero también las ciudades (Santiago de Compostela, San Sebastián, Bilbao…) reciben muchos turistas.
Sobre todo en las temporadas de temperaturas moderadas, también las regiones del sur son destinos populares para las actividades deportivas (hacer senderismo, jugar al golf…)
Los principales lugares de interés: el Camino de Santiago, la costa cantábrica, las rías[3] de Galicia, el Parque Nacional Picos de Europa, la Sierra Nevada

Vocabulario

1 sobrecargado/-a: *überlastet*
2 el patrimonio: conjunto de edificios, lugares o tradiciones de interés e importancia a lo largo del tiempo
3 la ría: brazo de mar que entra en la tierra

10 Las migraciones

España ha sido un país de **emigración** e **inmigración** a lo largo de su historia. En los años 30 del siglo XX muchos españoles (sobre todo los republicanos durante la Guerra Civil) se fueron a otros países europeos y de Hispanoamérica (Venezuela, Argentina, México, etc.). En los años 60 y 70 los habitantes de comunidades menos desarrolladas (Galicia, Asturias, Andalucía, Extremadura...) emigraron a países europeos que necesitaban mano de obra poco cualificada (Alemania, Bélgica, Francia, Suiza). El fuerte crecimiento económico en los años 90 convirtió a España en un país de inmigración (inmigrantes de Hispanoamérica, de otros países europeos, de África). Las consecuencias de la crisis económica (a partir de 2008) hacen que muchos españoles emigren otra vez a países europeos.

La emigración de los 60 y de hoy

	Los años 60 y 70	**Hoy**
Causas	• Altas tasas de paro • Pobreza rural	• Precariedad laboral • Dependencia económica familiar • Pocas oportunidades de obtener un primer empleo • Becas europeas o de otras universidades, iniciativas de empleadores de contratar a jóvenes españoles
Perfil de emigrante	• Bajo nivel de formación • Procedencia rural • Tanto hombres como mujeres	• Formación universitaria • Uno o más idiomas • Apoyo familiar
Objetivos	• Ganar y ahorrar dinero • Idea de retorno (alto porcentaje de retorno a España tras algunos años de trabajo en los países de acogida[1]; algunos se quedaron hasta la jubilación)	• Mejorar las perspectivas laborales y ganar más dinero • Tener experiencia en el extranjero • Mejorar un idioma • Independencia económica y familiar • Sin perspectivas de un retorno rápido

La inmigración

La inmigración africana en España

España es en ocasiones tan solo un primer paso para los inmigrantes procedentes de países africanos. Muchos desean seguir viajando por Europa hasta llegar a su destino (Francia, Alemania…). A pesar de la situación económica precaria de España y Europa (como consecuencia de la crisis del coronavirus), el número de inmigrantes «ilegales» no se ha reducido.

Causas	• Situación económica en los países de procedencia[2] • Guerras en los países de procedencia • Persecución por la etnia/la religión/la opinión política • «Seguro de vida» de una familia: un hijo viaja para trabajar en Europa para mantener a la familia
Países de procedencia	Fundamentalmente de África del norte (Marruecos y Argelia) y de Senegal, Nigeria, Gambia, etc.
Vía de entrada	• Ceuta y Melilla (ciudades autónomas españolas en África, con frontera con Marruecos) • El Mar Mediterráneo • El Estrecho de Gibraltar (Andalucía) • El Océano Atlántico (Islas Canarias)
Modo de entrada	• Saltar la valla (Ceuta y Melilla) • Esconderse en transportes (camiones, autobuses u otros vehículos) • Llegar en patera[3]
Peligros del viaje	• Enfermedades • Falta de alimentos y de agua • Hundimiento[4] de la patera por la sobrecarga de pasajeros o por temporales[5] en el mar • Patrullas marítimas para detectar las embarcaciones en el mar • Violencia, acoso, robos
Mafias	Para pasar las fronteras ilegalmente hay grupos organizados que cobran a los inmigrantes para cruzar y llegar al país de destino.
Perspectivas	• Centros de acogida • Devolución al país de origen (mayoritariamente) • Permiso de residencia y trabajo

La inmigración hispanoamericana en España

El «boom» de la inmigración desde Hispanoamérica fue a finales de los noventa y a principios del 2000. Durante la crisis económica de 2008, muchos hispanos retornaron a sus países de origen. Con la recuperación de la economía (2016), el número de inmigrantes nacidos en Hispanoamérica empezó a aumentar otra vez (mano de obra en el sector de la construcción, p. ej.).

Causas	• Económicas • Idea de retorno a su país o reunificación familiar (traer a su familia a España) • La inmigración a Europa es más fácil que a Estados Unidos (idioma común y menos barreras legales)
Países de procedencia	Fundamentalmente de Ecuador, Colombia, Argentina, Venezuela y Perú
Evolución social	• Transformación social de grandes ciudades como Madrid y Barcelona (barrios latinos) • Introducción de fiestas y costumbres: ecuavóley, béisbol, fiestas de Inti Raymi y Quince Años

Vocabulario

1 la acogida: *Aufnahme, Empfang*
2 la procedencia: lugar del que se viene
3 la patera: embarcación pequeña usada para el transporte de inmigrantes ilegales
4 el hundimiento: *Sinken*
5 el temporal: tormenta fuerte

11 El medio ambiente

Problemas

- Baja inversión del Estado en protección medioambiental
- Turismo abusivo → destrucción de las costas por la construcción de hoteles y casas; alto consumo de agua; contaminación del aire por el tráfico y los aviones
- Cambio climático: sequías[1] e inundaciones[2]
- Incumplimiento[3] de la legislación medioambiental
- Agricultura intensiva: alto consumo de agua, uso de pesticidas químicos
- Contaminación del mar (aguas residuales[4], plástico), sobrepesca

En general, la preocupación por el medio ambiente en España ha aumentado → inversión en energías renovables[5], separación de residuos[6] en ciudades y zonas rurales, pensamiento más ecológico en la población. Como en el resto de Europa, los jóvenes muestran interés en la política medioambiental, hay manifestaciones por el medio ambiente (*Fridays for Future*), participación en voluntariado y organizaciones sociales.

Vocabulario

1 la sequía: tiempo largo sin lluvia
2 la inundación: cantidad excesiva de agua
3 el incumplimiento: la falta de respeto de p. ej. una ley
4 las aguas residuales: *Abwasser*
5 la energía renovable: las energías limpias, p. ej a partir del viento, sol y agua
6 los residuos: los restos, la basura

12 Las comunidades autónomas

España consta[1] de **17 comunidades** y **dos ciudades autónomas**. Los primeros pactos autonómicos datan de 1981 (presidente: Leopoldo Calvo Sotelo, del UCD). Con los segundos pactos económicos de 1992 (presidente: Felipe González, del PSOE) se transferían otras 32 competencias más a las comunidades autónomas, p. ej. la de la Educación.

El **estatuto de autonomía** es la norma institucional de las comunidades (o ciudades) autónomas de España. Comprenden p. ej.:

- las **fronteras** territoriales de la comunidad autónoma
- la **organización** y la **sede** de sus instituciones
- las **competencias** de la comunidad autónoma, p. ej. Sanidad[2], Ordenación territorial, Turismo
- la(s) lenguas oficial(es) → las comunidades autónomas con lengua propia y cooficial son Cataluña, Comunidad Valenciana, Islas Baleares, el País Vasco, Navarra y Galicia

Vocabulario

1 constar de: estar formado/-a por
2 Sanidad: el Ministerio encargado de la salud

13 La Comunidad Autónoma de Cataluña

Capital	Barcelona
Provincias	Barcelona, Lleida, Tarragona y Girona
Clima	• Mediterráneo: temperaturas suaves (invierno) y cálidas (verano) • Zonas pirenaicas[1] y de alta montaña: temperaturas invernales más extremas, con mucha lluvia en primavera y otoño
Población	Más de 7,5 millones de habitantes (2018)
Lenguas oficiales	Catalán y castellano (alto porcentaje de bilingüismo) → el 99% habla castellano y el 80% habla también catalán
Sistema político	• Autogobierno dentro del Estado español por el Estatuto de Autonomía (2006) • Integrado por el Parlamento, la Presidencia, el Gobierno y otras instituciones de autogobierno • Cuerpo de policía propio *(Mossos d'Esquadra)*
Tradiciones	*Castellers* (torres humanas), *Sardana* (baile)...
Educación	• Sistema educativo = España; diferencia: el catalán como lengua vehicular[2] en las aulas • Objetivo lingüístico al final de la ESO: bilingüismo (castellano y catalán) y un tercer idioma (inglés normalmente)
Economía	• Turismo: montaña y playa, ciudades (lugares más visitados: Barcelona, las playas de la Costa Brava y la Costa Dorada → problemas: turismofobia (rechazo por el exceso de turistas), transformación de las ciudades, deterioro[3] del medio ambiente, subida de precios, servicios masificados... • Industria (Cataluña concentra la cuarta parte de la actividad industrial de toda España): alimentaria, química, automovilística (Seat)

Vocabulario

1 pirenaico/-a: de los Pirineos
2 la lengua vehicular: lengua que sirve de comunicación
3 el deterioro: *Verfall, Verschlechterung*

Proceso soberanista (o *el procés catalán*)

Desde el año 2012, se han desarrollado diversos hechos sociales y políticos en Cataluña con el objetivo de lograr la **autodeterminación** y la **independencia** de España. En la **consulta**[1] **de 2014** y el **referéndum de 2017**, la gran mayoría de los votantes se mostró a favor de la independencia, pero hay que destacar la baja participación electoral (la abstención[2] alcanzó un 58%). Los datos muestran la **profunda división de la sociedad catalana** que se endureció aún más por los sucesos que sucederían: la declaración unilateral de independencia, la **aplicación del artículo 155** por el gobierno de Rajoy (cese[3] del Gobierno catalán, disolución[4] del Parlamento, convocación de elecciones) y el juicio del *procés* con largas penas de cárcel para políticos independentistas.

Consecuencias que tendría la independencia para Cataluña

Ventajas	Desventajas
• Decisiones políticas y económicas según los intereses de los catalanes • Mayor presupuesto (actualmente el 8% del PIB catalán financia regiones con menos recursos) • Separación de la Monarquía • Estado laico	• Salir de la Unión Europea: fronteras, nueva moneda • No pertenecer a la red de seguridad que supone el Banco Central Europeo (BCE) • Fuga de empresas • División social de los partidarios y opositores de la independencia catalana

Vocabulario

1 la consulta: *hier: Volksbefragung*
2 la abstención: no participar en una elección o un referéndum
3 el cese: *Amtsniederlegung*
4 la disolución: *Auflösung*
5 la inhabilitación: *Amtsenthebung*

2012

Septiembre de 2012	Gran manifestación a favor de la independencia y aprobación de la Ley de Consultas en el Parlamento catalán
9 de noviembre de 2014	Consulta sobre el futuro político de Cataluña convocada por Artur Mas (presidente de la Generalidad) en contra del Gobierno español
14 de enero de 2015	Artur Más anuncia el adelanto de las elecciones autonómicas
27 de septiembre de 2015	Elecciones en las que gana la coalición independentista Junts pel Sí
9 de enero de 2016	Artur Mas dimite, Carles Puigdemont presidente de la Generalidad
1 de octubre de 2017	Referéndum de independencia convocado por Puigdemont; declarado ilegal por el Tribunal Constitucional
3 de octubre de 2017	Discurso del rey Felipe VI
Octubre de 2017	Salida masiva de empresas
10 de octubre de 2017	Puigdemont declara la independencia de Cataluña en el Parlamento catalán; poco después propone suspenderla para negociar con el Gobierno de España
27 de octubre de 2017	El Parlamento de Cataluña declara unilateralmente la independencia El Gobierno español aplica el artículo 155 de la Constitución → aprueba cese del presidente catalán, disuelve el Parlamento, convoca elecciones autonómicas → fuga de Puigdemont
21 de diciembre de 2017	Elecciones al Parlamento de Cataluña
17 de mayo de 2018	Quim Torra presidente catalán → fin de la aplicación del artículo 155
28 de septiembre de 2020	Inhabilitación[5] de Quim Torra por el Tribunal Supremo → elecciones en el 2021

LATINOAMÉRICA Historia pasada y reciente

1 El «descubrimiento» de América

El 12 de octubre de 1492 una expedición española, financiada por los **Reyes Católicos** y dirigida por **Cristóbal Colón**, llegó a América. La expedición de tres naves[1] (La Pinta, La Niña y la Santa María) embarcó en una pequeña isla de las Antillas. Colón creyó durante mucho tiempo que había llegado a Asia por la ruta occidental[2]. Por eso se llamó «Indias» al continente americano e «indios» a sus habitantes.
En diferentes países se conmemora el día del «descubrimiento» de América por parte de Colón el 12 de octubre. Mientras tanto, «descubrimiento» se ha convertido en un término controvertido por tener una connotación eurocentrista y colonialista. Por eso, algunos historiadores prefieren hablar del «**encuentro de dos mundos**».

Personas relevantes en el «descubrimiento»

	**Los Reyes Católicos** Isabel de Castilla (1451-1504) y Fernando de Aragón (1452-1516) → principio del **gran imperio español** (**unificación** de sus reinos; término de la **Reconquista** con la toma de Granada; **descubrimiento** de América por Colón en nombre de la Corona española), pero también establecimiento de la **Santa Inquisición** y **conversión obligada**[3] de los judíos y musulmanes
	**Cristóbal Colón** (1451-1506) Creyó que podía alcanzar Asia desde Europa navegando por el océano Atlántico hacia el oeste → ofreció primero su proyecto al rey Juan II de Portugal, luego a los Reyes Católicos → **cuatro viajes** a las Indias, **descubrimiento** (1492) y **exploración** del Nuevo Mundo; criticado por su forma de tratar a los indígenas

Américo Vespucio (1454-1512)
Comerciante, explorador (participó en dos viajes al Nuevo Mundo) y primer europeo que afirmó que América era un **nuevo continente** y no Asia → por él «el Nuevo Mundo» se llama **América**

Los cuatro viajes de Colón

Primer viaje (1492-1493)	El más importante: Colón llegó a varias islas del Caribe (Guanahani, Cuba, Santo Domingo) → creó haber cumplido su objetivo de llegar a **las Indias**
Segundo viaje (1493-1496)	El objetivo de este viaje fue **explorar, colonizar** y **cristianizar**[4] → colonización de La Española y exploración de Puerto Rico y Jamaica
Tercer viaje (1498-1500)	Exploración de la costa de Venezuela; al regresar a La Española (Santo Domingo), Colón fue mal recibido por los españoles allí asentados y descontentos por no haber encontrado las riquezas prometidas → **detención** de Colón y **liberación** en España, pérdida de su prestigio
Cuarto viaje (1502)	Colón quería «lavar» su imagen y encontrar un **paso marítimo**[5] hacia Asia → exploración de las costas de Centroamérica; después de naufragar[6] con su tripulación ante Jamaica, Colón regresó a España en un barco mercante

Impactos del «descubrimiento»

Impacto de los españoles en América

- Frutas, verduras y animales (p. ej. caballos, gallinas, vacas)
- Armas de fuego
- Religión católica
- Costumbres españolas
- Castellano
- Abuso, explotación
- Enfermedades (viruela[7], tifus, difteria, gripe, etc.)

Impacto de América en España (y Europa)

- Frutas y verduras (p. ej. tomates, patatas, pimiento, maíz, tomate, cacao)
- Especias
- Riqueza: oro, plata…
- Comercio con los productos traídos del Nuevo Mundo
- Nuevas palabras (p. ej. el cacique, el chocolate)

Agosto de 1492	Colón sale del puerto de Palos de la Frontera (Huelva)
12 de octubre de 1492	Colón llega a una pequeña isla de las Antillas
Enero de 1493	Colón ordena el regreso a España
Marzo de 1493	Llegada a Palos de la Frontera
Septiembre de 1494	Segundo viaje: Colón sale de Cádiz
Septiembre de 1494	Reparto de los lugares descubiertos entre Castilla y Portugal (**Tratado de Tordesillas**)
Mayo de 1498	Tercer viaje: Colón sale desde Sanlúcar de Barrameda
Noviembre de 1500	Cuarto viaje: Colón sale de Sevilla
1507	Se comienza a llamar América a las tierras descubiertas

Vocabulario

1 la nave: el barco
2 occidental: del oeste; *westlich*
3 la conversión obligada: cambio de religión por la fuerza
4 cristianizar: *zum Christentum bekehren*
5 el paso marítimo: estrecho de mar que comunica dos mares
6 naufragar: hundirse, perder el barco en el mar
7 la viruela: *Pocken*

2 La Conquista y la colonización

Después del «descubrimiento» del Nuevo Mundo empezó un proceso histórico conocido como la Conquista de América. **España** y **Portugal** principalmente (luego también los reinos de Inglaterra, Francia y Holanda, p. ej.) compitieron por la exploración, conquista y colonización del continente americano. En 1594, el **Tratado de Tordesillas** estableció la repartición del continente americano entre las potencias de España y Portugal. Aunque varios pueblos indígenas intentaron resistir la ocupación de los europeos, tuvieron que darse por vencidos[1] ante la inferioridad de sus armas y sus tácticas de guerra.
La Conquista llevó a la **eliminación de culturas milenarias**[2] y a nuevas conformaciones étnicas, culturales y políticas.

Consecuencias de la Conquista para los indígenas

- **Colapso demográfico** → se estima que un 90% de los indígenas falleció a causa de las enfermedades europeas
- **Destrucción violenta** de imperios y culturas (como los imperios maya en Mesoamérica e inca en América del Sur), p. ej. la matanza de 10 000 indígenas a manos de 120 hombres de Francisco Pizarro en Cajamarca (Perú) cuando iban en busca de Atahualpa (último soberano inca)
- Asentamiento de europeos para **colonizar** el Nuevo Mundo
- Establecimiento de un sistema de opresión y explotación: la **encomienda**[3] → esclavización de los indígenas
- **Cristianización** (a la fuerza) de los indígenas

Personas relevantes durante la conquista y colonización

	**Atahualpa** (1500-1533) Último **soberano**[4] **inca** → en una guerra civil incaica por la sucesión[5], Atahualpa logró vencer a su hermano Huáscar en 1532 cerca de Cuzco; de camino a su coronación fue **capturado** y **matado** por los hombres de Francisco Pizarro
	**Francisco Pizarro González** (1478-1541) **Conquistador** español, lideró a principios del siglo XVI la expedición que iniciaría la **conquista del Perú** → en 1532 se impuso sobre el Imperio inca (asesinato de Atahualpa)
	**Hernán Cortés** (1485-1547) **Conquistador** español; lideró la expedición que iniciaría la **conquista de México** y el final del imperio mexica → estrategia exitosa de aliarse con grupos indígenas para derrotar a otros grupos; mujer nativa (**Malinche**) como intérprete y madre de su hijo Martín
	**Lope de Aguirre** (1511-1561) **Conquistador** español de Sudamérica → líder de una expedición en la búsqueda de El Dorado[6]; llevó a cabo una rebelión contra la monarquía española y murió en la lucha
	**Bartolomé de las Casas** (1511-1561) Fraile[7] y **defensor de los indígenas** → en su *Brevísima relación de la destrucción de las Indias* describió las **atrocidades**[8] de los conquistadores frente a los indígenas; sin embargo, favoreció la introducción de **esclavos africanos** para que hicieran el trabajo de los indíos

Vocabulario

1 darse por vencido/-a: rendirse
2 milenario/-a: que ha durado uno o varios milenios (= mil años)
3 la encomienda: sistema en el que los indígenas eran obligados a prestar servicios o aportar bienes a cambio de la protección de su encomendero (un español)
4 el soberano: el rey (la autoridad suprema e independiente)
5 la sucesión: la sustitución en el cargo
6 El Dorado: ciudad legendaria donde se creía que existían abundantes minas de oro (nunca se encontró)
7 el fraile: religioso consagrado a Dios
8 la atrocidad: algo terrible

3 La independencia de América Latina

Entre 1808 y 1836, varios procesos políticos y militares en casi todos los territorios americanos gobernados por España llevaron al **fin del dominio español**.
A finales del siglo XIX, los conflictos bélicos[1] entre España y Gran Bretaña habían interferido con el comercio entre España y Latinoamérica y debilitado militarmente al imperio español. Después de la Guerra de la Independencia Española (1808-1814) contra el Primer Imperio Francés bajo Napoleón I Bonaparte, en España había un vacío de poder. Mientras tanto, en la sociedad latinoamericana estaba creciendo el **descontento** por la corrupción administrativa, el maltrato a los indígenas y la desigualdad entre criollos y españoles, además se difundieron **ideas liberales y revolucionarias**.

Sucesos importantes

1811	Diversos movimientos americanos comenzaron a declararse **Estados nacionales**, autónomos del Gobierno español (los primeros fueron Venezuela, Colombia y Ecuador)
1814	Fin de la Guerra de la Independencia Española: Fernando VII volvió al trono → **Guerras de Independencia Hispanoamericanas**
1820	A partir de aquel año se consolidaron los nuevos estados de América; solamente **Cuba** y **Puerto Rico** seguían bajo gobierno español
1833	**Muerte de Fernando VII** → período de fuerte inestabilidad política y económica en España, abandono de los planes de reconquista
1836	Las Cortes españolas renunciaron a sus posesiones en América → **tratados de paz** y reconocimiento de todos los nuevos estados surgidos en el continente

Libertadores

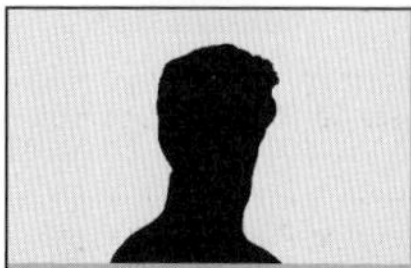

Simón Bolívar (1783-1830)
Militar y político, una de las figuras más destacadas del proceso de la independencia hispanoamericana → fundador de las repúblicas de la Gran Colombia (hoy: **Colombia, Ecuador, Venezuela, Panamá**) y de **Bolivia**

José de San Martín (1778-1850)
Militar (participó en la Guerra de la Independencia Española) y político, libertador de **Argentina, Chile** y **Perú**

Miguel Hidalgo (1753-1811) y
José María Morelos (1765-1815)
Miguel Hidalgo fue sacerdote y revolucionario que inició la primera etapa de la Guerra de Independencia de **México**; fue fusilado en 1811 por los realistas[2] → José María Morelos (sacerdote también) organizó la segunda etapa de la guerra

Vocabulario

1 bélico/-a: de la guerra
2 los realistas: aquí: las tropas del rey

4 Dictaduras

Durante la segunda mitad del siglo XX, América Latina se convirtió en el «campo de luchar» por el poder de **Estados Unidos** y la **Unión Soviética**.
Después de la Segunda Guerra Mundial (1939-1945), estas potencias mundiales intentaron imponer su modelo político, capitalista y comunista respectivamente, a otros países. Para ello, establecieron alianzas. Las consecuencias de estas alianzas dieron lugar a dictaduras, p. ej. la de Augusto Pinochet en Chile.

La dictadura argentina

Duración	1976-1983
Tipo	Dictadura cívico-militar (llamada **Proceso de Reorganización Nacional**)
Antecedentes	• 1974: Muerte del presidente Juan Domingo Perón → **María Estela Martínez de Perón** (su mujer) como presidenta • Los militares no aceptaron a la nueva presidenta; diferencias políticas, problemas económicos y problemas internos en el gobierno de Martínez de Perón • Estados Unidos apoyó y financió el golpe de Estado
Inicio	24 de marzo de 1976: **golpe de Estado militar → Jorge Videla** como presidente de facto (sucesores: Roberto Viola, Leopoldo Galtieri, Reynaldo Bignone)
Durante la dictadura	• Inicio de un **proceso de reorganización**: disolución del Congreso, suspensión[1] de las libertades ciudadanas, establecimiento de la pena de muerte[2] para los subversivos, formación de un órgano de censura para cualquier medio de comunicación • **Persecución a los opositores** de la dictadura: interrogatorios[3], torturas y ejecuciones de 30 000 personas en centros de detención clandestinos; robo de niños • Crecimiento de la **deuda pública**, gran **inflación**, pérdida de valor de la moneda local • **Inestabilidad** e inseguridad social y jurídica • **Plan Cóndor:** con el apoyo de EE. UU., los regímenes dictatoriales del Cono Sur[4] querían eliminar a la oposición política de izquierdas • **Madres/Abuelas de la Plaza de Mayo**: organización de derechos humanos (madres, esposas y abuelas de los desaparecidos) → objetivo: encontrar a sus hijos y, más tarde, a los nietos (los bebés robados)
Fin de la dictadura	• 1982: Argentina fue derrotada por Gran Bretaña en la **Guerra de las Malvinas**[5] → debilitación de la Junta Militar • Protestas del pueblo, fuertes presiones internacionales → **caída** del gobierno dictatorial • 30 de octubre de 1983: **elecciones democráticas** • 10 de diciembre de 1983: **gobierno democrático** (Raúl Alfonsín como presidente electo)

Después de la dictadura	• 1983: creación de La Comisión Nacional sobre la Desaparición de Personas (**CONADEP**) → objetivo: aclarar e investigar la desaparición forzada de personas • Septiembre de 1984: publicación del informe «**Nunca Más**» (resultados de la investigación del CONADEP) • 1985: **Juicio a las Juntas** → proceso judicial contra los integrantes de las tres primeras Juntas Militares de la dictadura

1 de julio de 1974	Muerte del presidente Perón
1974-1976	María Estela Martínez de Perón presidenta
24 de marzo de 1976	Golpe de Estado: Jorge Rafael Videla preside la Junta Militar
Junio de 1978	Copa Mundial del Fútbol en Argentina
1982	Guerra de Malvinas (Argentina, Gran Bretaña)
Octubre de 1983	Elecciones democráticas (presidente electo Raúl Alfonsín)
1984	Informe *Nunca Más* de la CONADEP
1985	Juicio a las Juntas

La dictadura chilena

Duración	1973-1990
Tipo	Régimen militar con el dictador **Augusto Pinochet** como comandante en jefe del Ejército Chileno
Antecedentes	• 1970: **Salvador Allende** ganó las elecciones con una coalición de **partidos de izquierdas** • El nuevo gobierno promovió la **nacionalización** de empresas privadas • Problemas económicos: **falta de alimentos**, inicio del mercado negro

	• Sectores conservadores de la sociedad en contra de las políticas socialistas de Allende, influencia de ideas políticas impuestas por la **Guerra Fría** entre EE. UU. y la Unión Soviética → colaboración de sectores políticos para derrocar a Allende y el régimen socialista • **Apoyo de EE. UU.** al golpe de Estado contra Allende
Inicio	• 11 de septiembre de 1973: **los militares se sublevaron** y entraron en el Palacio de la Moneda (sede del gobierno) → **golpe de Estado**; el presidente se suicidó en su despacho • Los militares asumieron el poder
Durante la dictadura	• Modelo de **gobierno autoritario** de extrema **derecha**; **políticas neoliberales**, medidas «anticomunistas» impuestas por EE. UU., limitación de la libertad de expresión, sustitución del Congreso Nacional por una Junta de Gobierno • **Persecución** y **eliminación** de los opositores del régimen (unas 40 000 víctimas: desaparecidos, torturados, asesinados • Aumento de la **desigualdad social**: gran desigualdad de ingresos, desequilibrio[6] de clases • Reforma laboral: la inestabilidad laboral y la limitación de la sindicalización llevaron a la **precariedad**[7] **económica** de la clase media • **Exilio** de grandes masas de chilenos
Fin de la dictadura	• Reorganización en secreto de la oposición (ilegalizada por Pinochet) • 7 de septiembre de 1986: Atentado contra Pinochet por FPMR (organización política violenta) → Pinochet sobrevivió • 1988: Gran presión social contra Pinochet → **plebiscito** para decidir sobre la reelección de Pinochet • 5 de octubre de 1988: **ganó el NO** → inicio de la democracia → Pinochet salió del gobierno
Después de la dictadura	• **Transición a la democracia** → traspaso del poder político de las Fuerzas Armadas de Chile a Patricio Aylwin (el presidente elegido democráticamente) • 1998: Arresto de Augusto Pinochet en Londres → nuevas denuncias de familiares de asesinados y detenidos-desaparecidos → fue liberado por motivos de salud, regresó a Chile en marzo de 2000 • 2004: Se consideró a Pinochet médicamente apto para enfrentar un juicio → **arresto domiciliario** • 10 de diciembre de 2006: muerte de Pinochet en Chile sin ser juzgado (con 300 cargos penales pendientes)

- 2019: Crisis social en Chile, revueltas; causas: descontento por los altos costos de la vida, desconfianza hacia las instituciones del Estado, Constitución del país que data de la era Pinochet
- Octubre de 2020: En un referéndum los chilenos aprobaron redactar una **nueva Constitución**

3 de noviembre de 1970	Salvador Allende presidente
11 de septiembre de 1973	Golpe de Estado: dictadura militar bajo Augusto Pinochet
1980	Constitución chilena, ratificada por un plebiscito
Octubre de 1988	Nuevo plebiscito, el pueblo vota contra Pinochet
Diciembre de 1989	Elecciones presidenciales democráticas (Patricio Aylwin presidente)
11 de marzo de 1990	Fin de la dictadura militar
10 de diciembre de 2006	Muere Pinochet sin que haya sido juzgado
2019	Crisis social en Chile
2020	Referéndum sobre una nueva Constitución

Vocabulario

1 la suspensión: eliminar o quitar algo
2 la pena de muerte: condena un delito con la muerte del acusado
3 el interrogatorio: *Verhör*
4 el Cono Sur: Argentina, Chile y Uruguay
5 la Guerra de las Malvinas: conflicto armado en 1982 entre Argentina y Gran Bretaña por las islas Malvinas
6 el desequilibrio: la desigualdad
7 la precariedad: la inestabilidad, el empeoramiento

5 Los desafíos de la actualidad latinoamericana

Desigualdades sociales

Las sociedades latinoamericanas tienen las mayores tasas de desigualdad del mundo a pesar del *boom* económico registrado a lo largo de una década.

- Las tasas de pobreza disminuyeron → el 15% de la población consiguió salir de la pobreza, pero **a nivel mínimo**
- La décima parte más rica ya concentra hasta el 50% de los ingresos nacionales; las elites rechazan la integración, **evitan el pago de impuestos**[1] y prefieren depositar su dinero en el extranjero
- El **acceso** a la **tierra**, la **educación**, la **salud** o la **seguridad social** está desequilibrado[2] → las mujeres, los niños, los ancianos y los indígenas son los colectivos más afectados
- Los países más pobres de Latinoamérica: Venezuela, Haití, Honduras, Nicaragua, Bolivia
- Ejemplo **Venezuela:** el 79% de los venezolanos vive en extrema pobreza a pesar de contar con las mayores reservas petrolíferas[3] del mundo
  - Grave crisis económica desde 2012 → desempleo, hiperinflación, violencia, escasez de productos básicos
  - Sistema de salud al borde del colapso → no pueden luchar contra enfermedades como el covid-19 y la malaria; reaparición de enfermedades erradicadas
  - Inestabilidad política (presidente Maduro vs. Guaido)
  - Éxodo de venezolanos a los países vecinos

Vocabulario

1 los impuestos: *Steuern*
2 desequilibrado/-a: desigual
3 petrolífero: de petróleo

El trabajo infantil en Latinoamérica

En Latinoamérica y el Caribe, según UNICEF, ca. **17,4 millones** de niños trabajan. Estos niños proceden de entornos **desfavorecidos**, p. ej. grupos **minoritarios** (indígenas). Muchos son sacados de sus familias (vendidos, secuestrados[1]...), forzados a trabajar o incluso esclavizados, otros huyen para evitar maltrato en el hogar.

- La mayoría trabaja en la **agricultura**; además: en la **minería**, en los **basureros**, en el **trabajo doméstico**, en la **calle** (vendedores, recaderos[2], limpiabotas[3]); **actividades ilícitas** (prostitución, pornografía, conflictos armados, tráfico de drogas...).
- Los empleadores hacen lo que sea necesario para hacerlos invisibles, ejercen **control absoluto** sobre ellos.
- Los efectos del trabajo infantil: envejecimiento prematuro[4], desnutrición[5], depresión, drogadicción, falta de acceso a la educación normal → bajas perspectivas de salir de la pobreza.
- Es probable que por la pandemia del coronavirus incluso más niños y jóvenes salgan a trabajar → una generación perdida.

El trabajo infantil indígena

- Normalmente trabajan en las **tareas agrarias** en la familia.
- El trabajo infantil indígena fuera de la familia:
  - trabajan en **otras familias** a cambio de comida y educación.
  - trabajan por **deudas**[6] con el empleador → el trabajo del niño las paga.
  - toda la familia trabaja para un empleador, también los niños (**dependencia** total con el empleador).
  - los niños emigrados a la ciudad hacen **trabajos precarios**[7].
  - las niñas emigradas a la ciudad trabajan como **empleadas domésticas**.

Los niños de la calle

- Viven en las calles de una ciudad **sin protección familiar** o de un adulto; algunos también pueden pasar todo el día en la calle y duermen en casa (llevan dinero a casa).
- Viven en edificios abandonados[8], cajas de cartón, estaciones abandonadas…
- Se organizan en «**bandas**» para:
  - trabajar juntos y compartir las ganancias (dinero, comida, drogas).
  - defender su territorio.
  - protegerse de las autoridades y otras bandas.
  - tener una identidad y relaciones personales con otros.
- **Peligros:** violencia de los dueños de los negocios, (otras) bandas callejeras…
- **Causas:** flujos migratorios, pobreza, abandono, maltrato y violencia familiar…
- **Futuro:** discriminación, consumo de drogas, explotación laboral y sexual, acoso[9] policial, delincuencia…
- No hay cifras precisas (imposible censo). Un ejemplo: un tercio de la población en México son niños, niñas y adolescentes → muchos de ellos viven en condiciones de pobreza y viven o trabajan en las calles.
- Su número sigue en aumento aunque existen proyectos de ayuda, pero falta una estrategia unitaria.

Vocabulario

1 secuestrado /-a: *entführt*
2 el recadero: que lleva mensajes o hace pequeñas tareas entre dos lugares
3 el/la limpiabotas: que limpia calzado
4 prematuro /-a: antes de tiempo
5 la desnutrición: alimentación insuficiente
6 la deuda: dinero que se debe
7 precario /-a: de mala calidad o malas condiciones
8 abandonado /-a: aquí: donde no vive nadie
9 el acoso: persecución permanente

Corrupción

Existen diferentes formas de corrupción: el uso ilegítimo de información privilegiada, el sobornos[1], el fraude[2], la malversación[3] (de dinero público, p. ej.), el nepotismo[4], etc. Los niveles de corrupción en Latinoamérica son muy altos. Es uno de los **principales problemas políticos** porque afecta negativamente a la legitimidad política, la transparencia de la administración y la eficiencia económica. Los países latinoamericanos más corruptos según *transparency.org* son **Venezuela** (es uno de los más corruptos del mundo), **Nicaragua** y **México**, entre otros.

Factores que favorecen la corrupción

- La **falta de controles** sistemáticos y eficaces para detectar y combatir la corrupción: una burocracia lenta e innecesaria, la falta de leyes de transparencia, la falta de voluntad política → **impunidad**[5]
- La falta de condiciones que hagan más caro ser corrupto que ser legal
- La **pobreza** causada por la desigualdad social, salarios bajos que no bastan para atender a todas las necesidades
- La corrupción como **parte del sistema** → es parte de la vida diaria, p. ej. las «mordidas» (sobornos) a empleados públicos, los empleos por relaciones o «recomendaciones»...

Vocabulario

1 el soborno: dinero o regalos para conseguir algo
2 el fraude: el engaño, la estafa *(Betrug)*
3 la malversación: *Veruntreuung*
4 el nepotismo: preferencia para un trabajo a amigos o familiares
5 la impunidad: falta de castigo por un delito o crimen

Violencia de género

La violencia de género es todo tipo de **violencia física** o **psicológica** ejercida contra una persona a base de su **identidad sexual** o de su **género**. En su gran mayoría se trata de violencia contra las **mujeres**. Por ejemplo, en Perú el 66% de las mujeres mayores de 18 años han sufrido algún tipo de agresión física, psicológica o sexual (datos del año 2020).

La violencia contra las mujeres

Causas	• La **desigualdad de género** y las pautas[1] machistas • El uso del **alcohol** o de otras **drogas** por parte de los hombres • La pobreza y la falta de perspectivas que provocan frustración en los hombres • Los **cambios de rol** por parte de las mujeres (si se alejan de los roles convencionales)
Dónde sucede	• En casa • En la escuela • En el trabajo • En la calle
Características	• **Invisibilidad:** la mayoría de las mujeres que fueron agredidas[2] no lo denuncian → miedo a consecuencias (físicas y psicológicas), a la exclusión social y burlas • **Normalización:** la violencia se ve como una conducta «normal» • **Impunidad:** el 99% de los casos de asesinato de mujeres no se resuelven (alto nivel de corrupción de las autoridades, desinterés)
Posibles medidas, p. ej.	• Mejorar la **igualdad de género**: acceso al empleo, un salario igualitario, eliminar la discriminación de las mujeres (sobre todo de las mujeres indígenas) • Mejorar la falta de acceso a los **servicios de salud** y los derechos a **decidir sobre el propio cuerpo** • Fomentar la **participación política** de las mujeres • El **procesamiento consecuente** de estos delitos

Vocabulario

1 la pauta: modelo, norma

2 agredir: maltratar de alguna forma

Redes de narcotráfico y delincuencia organizada

La red del narcotráfico, que se extiende por todo el continente americano, conecta a actores nacionales e internacionales, legales e ilegales, por lo que es muy **difícil de controlar.** La involucración[1] de políticos y fuerzas policiales, los intereses nacionales de los países productores, la inestabilidad política en algunos países de Mesoamérica, la demanda de drogas en los países consumidores y la pobreza y falta de perspectivas en las zonas afectadas imposibilitan una lucha eficaz contra el narcotráfico y la violencia que genera.

Principales productores de drogas	**Colombia** (el 68%), Perú, Bolivia, Ecuador
Consumidores	Estados Unidos, Europa, Australia
Las principales rutas del narcotráfico	• La ruta más importante va desde Colombia y Ecuador por **vía marítima**[2] (Pacífico) a Centroamérica y desde allí a Estados Unidos • Existen también rutas marítimas (y aéreas[3]) por el Caribe • Las drogas llegan a Europa desde Venezuela y Brasil
El transporte de drogas	• Barcos, aviones, helicópteros, camionetas • «**Mulas**[4]»: personas que transportan la droga, p. ej. en el estomago
Los cárteles de la droga	• **Cártel:** grupo organizado ilegal que lleva a cabo actividades criminales (principalmente el narcotráfico) también en las esferas más íntimas de los gobiernos locales • Cárteles más famosos: – Centroamérica: la Mara Salvatrucha – Colombia: el Clan del Golfo – México: el Cártel de Sinaloa, Los Zetas

Vocabulario

1 la involucración: la participación

2 por vía marítima: por barco

3 aéreo/-a: por avión

4 la mula: *eigentlich: Maulesel*

6 Hispanos en los Estados Unidos

Estados Unidos y México **comparten una frontera** de 3100 km. Una tercera parte de ella está cerrada por algún tipo de muro o valla metálica, al este el Río Bravo hace de frontera.
Cada año entre 150 mil y 400 mil personas cruzan México para llegar a EE. UU., especialmente de El Salvador, Guatemala y Honduras. La violencia, la corrupción y la pobreza en sus países respectivos son los motivos principales por los que abandonan sus patrias. La tendencia actual es viajar con toda la familia y en grandes **caravanas**. La primera caravana salió el 12 de octubre de 2018 de Honduras hacia EE. UU. De camino, se le sumaron guatemaltecos y salvadoreños. Al final, constó de unos 7000 migrantes, un verdadero **éxodo**[1].
Otro modo de cruzar México es «La Bestia» («El tren de la muerte»), un ferrocarril de carga[2]. Los migrantes viajan sobre su techo, arriesgando sus vidas, además de otros peligros que enfrentan a lo largo de su viaje: ser detenidos y devueltos por la policía, ser robados, ser extorsionados[3] y, para las mujeres, ser violadas.

Caminos para entrar en EE. UU.

Cómo cruzar la frontera

Cruzar el desierto de Sonora	• Peligros por las **temperaturas extremas** (en verano más de 40 °C durante el día, en invierno incluso por debajo de los 0 °C) • Falta de **agua potable** • Animales salvajes propios del desierto
Cruzar por el Río Bravo	• Río con baja profundidad y anchura, pero con muchas corrientes → es engañoso y peligroso. • Cruzan el río nadando para evitar controles migratorios.
Cruzar por túneles	• Existen túneles de hasta 400 metros que son usados por los narcos y por los inmigrantes. • Algunos son poco estables y, por eso, peligrosos.

Situación de los hispanos en Estados Unidos

Los inmigrantes que llegan a EE. UU. ilegalmente…
- realizan **trabajos mal pagados**.
- viven en **condiciones precarias**.
- son **mano de obra necesaria** para los EE. UU.
- no tienen protección legal.

→ Como inmigrante indocumentado, es muy difícil legalizar su estatus en EE. UU. Existe, p. ej., la posibilidad de que los hijos nacidos en EE. UU. (que por esto son ciudadanos estadounidenses) pidan la residencia permanente para sus padres después de cumplir los 21 años. Otra posibilidad es el matrimonio con un residente permanente, pero también en este caso hay ciertas trampas[4].

Los hijos de los inmigrantes…
- han crecido o quizás nacido en EE. UU.
- tienen una **mejor educación** que sus padres.
- tienen acceso a mejores trabajos.
- **dominan el inglés** perfectamente.
- «Hispennials»: jóvenes hispanos de entre 20 y 37 años, emprendedores y futuro de la economía norteamericana

→ La llamada Acción Diferida (DACA) es una política migratoria que protege de la deportación a unos 700 000 jóvenes inmigrantes que han crecido en EE. UU. El gobierno de Donald Trump quería poner fin a este programa de la Administración Obama, pero es muy probable que el gobierno de Joe Biden busque revertir las políticas inmigratorias de la era Trump.

Vocabulario

1 el éxodo: la emigración de un grupo grande de personas
2 el ferrocarril de carga: tren que transporta mercancías
3 extorsionar: presionar a alguien con amenazas
4 la trampa: engaño para lograr un beneficio

7 Un país latinoamericano: México

Continente	América del Norte (con EE. UU. y Canadá)
Capital	México D. F.
Habitantes	Ca. 120 millones
Idiomas	Español y 67 lenguas indígenas (las más habladas: el náhuatl y el maya)
Fronteras	Con EE. UU., Guatemala, Belice
Ciudades mas grandes	México D. F., Guadalajara, Monterrey
Clima	Gran diversidad climática; temperaturas desde las -30 °C (Sierra de Chihuahua) hasta las +50 °C (desierto de Sonora)
Lugares de interés, entre otros	• Monumentos y ciudades prehispánicas: templos de Tenochtitlán, pirámides de Teotihuacán, Chichén Itzá, Tulum, Uxmal, etc. • Las bellezas naturales: cenotes[1], cascadas, cañones, volcanes, playas (Riviera Mexicana, Caribe) • Ciudad México con sus más de 1000 edificios considerados Patrimonio de la Humanidad, galerías de arte, museos (p. ej. el Museo Frida Kahlo en la Casa Azul)
Gastronomía	Tacos, enchiladas, tamales…
Fenómenos naturales	Terremotos[2] (p. ej. el de 2017 en Chiapas), actividad volcánica, huracanes, inundaciones[3]
Retos	• Narcotráfico • Violencia • Corrupción • Movimientos migratorios • Contaminación (p. ej. Mexicali: una de las ciudades más contaminadas del mundo debido a las emisiones de la industria y del tráfico y al cambio climático) • Escasez[4] de agua (sobre todo en Ciudad de México)

Frida Kahlo

Frida Kahlo
(1907-1954)

- Pintora mexicana
- Vida marcada por el sufrimiento físico y las enfermedades (1925: grave accidente, su autobús arrollado[10] por un tranvía) → tema de su obra: su biografía y su sufrimiento
- Casada con el pintor Diego Rivera, sin hijos
- Influencia de Diego Rivera en la pintura de Frida → cambio de estilo (mexicanismo), arte popular mexicano de raíces indígenas
- Cejas características, trajes tradicionales
- Casa familiar: la Casa Azul (actualmente el Museo Frida Kahlo) en Coyoacán

Vocabulario

1 el cenote: cueva de agua
2 el terremoto: movimiento de tierra
3 la inundación: resultado de gran cantidad de agua que cubre un terreno
4 la escasez: la falta de algo
5 el predominio: el control *(Vorherrschaft)*
6 el sacrificio humano: ofrenda de un ser humano a un dios
7 la cancha: el terreno de juego
8 el traje de charro: traje típico de los mariachis
9 la calavera: huesos de la cabeza *(Totenkopf)*
10 arrollar: atropellar, chocar con

El español como lengua mundial

El español o castellano se habla en España, en Hispanoamérica, en algunos lugares de los Estados Unidos y en Guinea Ecuatorial (África). Es el segundo idioma más hablado en todo el mundo.

1 Latinoamérica, Hispanoamérica, Sudamérica

- «**Latinoamérica**» se refiere a los países americanos cuya lengua mayoritaria sea **romance** (= derivada del latín), como español, portugués y francés. Este concepto excluye los países de lengua anglosajona (antiguamente colonizados por el Reino Unido y Holanda): Belice, Guayana, Surinam y Estados Unidos. Sin embargo, muchas veces es usado como sinónimo de «América Central y del Sur».
- El concepto de «**Hispanoamérica**» incluye solamente los países americanos cuya lengua mayoritaria es el **español**. Quedan excluidos los mismos países que en el caso de América Latina y, entre otros, Brasil.
- «**Sudamérica**» se refiere a la **geografía** del continente y no a las lenguas. Son todos los países que se ubican al sur de Colombia (incluyendo Colombia). Los países al norte de Colombia se llaman «**Centroamérica**». Geográficamente, México pertenece a **Norteamérica**.

2 Mapa de países hispanohablantes en América

3 Diferencias entre España e Hispanoamérica

Todas las variedades[1] son correctas, aunque pueden existir muchas palabras diferentes para una misma cosa.

Acento y pronunciación

z y c	• En España: pronuncian la «z» como la «th» [θ] del inglés, al iqual que la «c» delante de «e» e «i» (→ fenómeno del «ceceo»). • En Hispanoamérica: la «z» y la «c» delante de «e» e «i» suenan como una «s» (también en algunas CC. AA.[2] de España) (→ fenómeno del «seseo»).
r	En el Caribe y ciertas regiones del sur de España no se pronuncia o se pronuncia más bien como una «l».
ll	• La mayoría de los hispanohablantes pronuncia «ll» como «j», es decir, no hay distinción entre «ll» y «y» (→ fenómeno del «yeísmo»). • En algunas partes de Argentina y Uruguay, la «ll» se pronuncia como «sch» [ʃ].

Gramática

	España	**Latinoamérica**
«Tú» y «usted»	• En singular: **tú** en el trato informal y **usted** en el formal • En plural: **vosotros** en el trato informal y **ustedes** en el formal	• En singular: **vos** (fenómeno del «voseo», sobre todo en el español rioplatense[3]), **tú** o **usted** en el trato informal y **usted** en el formal • En plural: **ustedes**
Uso de los pasados	Se hace diferencias entre el **pretérito perfecto** (hoy, esta semana...) y el **indefinido** (ayer, la semana pasada...). Hay diferencias de uso también por CC. AA.	Se usa el **indefinido** y casi nunca el pretérito perfecto.

Vocabulario

Existen también algunas diferencias respecto al vocabulario. En el español de Latinoamérica influyen los **anglicismos** más que en el de España por la cercanía de EE. UU. (p. ej. el living = la sala de estar; tanquear = echar gasolina) y los **idiomas indígenas** (sobre todo en el vocabulario de flora, fauna y hábitos culturales; p. ej. el/la cuate = el amigo/la amiga). En el castellano existen muchas palabras derivadas[4] del **árabe** (p. ej. la alcoba = el dormitorio).

España	Latinoamérica
• el plátano	• el banano/la banana
• la patata	• la papa
• el móvil	• el celular
• conducir	• manejar
• los gafas	• los anteojos
• ...	• ...

4 Las lenguas indígenas en Hispanoamérica

En todos los países hispanoamericanos se habla más de una lengua. Las lenguas indígenas tienen un mayor valor social que antes (reconocimiento de la cultura y las lenguas indígenas) y se aprenden en las escuelas. Sin embargo, se hablan principalmente en las regiones rurales.

- Los países con más lenguas indígenas son Colombia (más de 70 lenguas), Perú (más de 60), México (más de 60) y Bolivia (más de 30).
- Las lenguas indígenas más habladas son el **quechua** (Argentina, Bolivia, Chile, Perú, Colombia, Ecuador), el **guaraní** (Paraguay, Brasil, Bolivia, Argentina), el **aimara** (Bolivia, Argentina, Perú), el **náhuatl** (México, Guatemala, El Salvador) y el **maya** (Guatemala, México, Belice).

5 El spanglish

Es un «idioma» nuevo para unos y para otros es un dialecto, **mezcla de español e inglés** con palabras en inglés sin traducir o traducidas incorrectamente

- Origen: inmigración latinoamericana en Estados Unidos en el siglo XX (mexicanos → Texas; cubanos → Florida; puertorriqueños → Nueva York)
- Situación inicial: desconocimiento del inglés → evolución: el spanglish como parte de la **identidad de los hispanos** en EE. UU.
- Uso: en la vida cotidiana y en los medios de comunicación (periódicos, revistas, televisión…)
- Pregunta importante: ¿El hablante puede diferenciar entre español, inglés y spanglish?

La formación del spanglish

- Palabras inglesas que **se pronuncian** según las **reglas del español** (p. ej. «el sanwich», «el bistec», «el nailon»)
- Verbos ingleses que **se conjugan** según **las reglas gramaticales del español** (p. ej. «clickear el mouse», «formatear/resetear la computadora», «escanear»)
- **Traducción literal** del inglés (p. ej. «reportar» en vez de «informar»)
- **Palabras en inglés** en lugar de la española (p. ej. «Fue a la *shopping*» por «centro comercial»; «cambiar el *look*» por «apariencia», «esto está en el *boom*» por «auge»)

Argumentos a favor y en contra del uso del spanglish

A favor	En contra
• Parte de la **identidad** de los hispanos nacidos o crecidos en EE. UU. • Lengua viva en constante **evolución**, p. ej. evoluciona con las nuevas tecnologías (palabras inglesas adaptadas al español) • Existe de **forma oral** y **escrita** (diccionarios, música y literatura)	• El hablante **se acostumbra al spanglish** y olvida vocabulario en español • **No** es una **lengua oficial** • El hablante tiene **menos oportunidades** en EE. UU si no sabe hablar inglés correctamente

6 El bilingüismo en España

El castellano es el idioma oficial en todo el país y es la lengua materna mayoritaria en España. Seis de las diecisiete comunidades autónomas de España tienen también lenguas cooficiales[5]. El bilingüismo entre el castellano y otra lengua cooficial es habitual. Actualmente en las escuelas se apoya la educación bilingüe con las lenguas cooficiales.

- Idiomas cooficiales según los estatutos de autonomía:
  - el **catalán**: en Cataluña y en las Islas Baleares
  - el **valenciano**: en la Comunidad Valenciana
  - el **gallego**: en Galicia
  - el **euskera**: en el País Vasco y una parte de Navarra
- El catalán y el valenciano se consideran dos variedades de la misma lengua.
- Durante la dictadura de Franco las lenguas cooficiales no se podían usar en público.

Catalán-valenciano-balear	Gallego	Vasco o euskera
• Lengua cooficial en Cataluña, en las Islas Baleares y en la Comunidad Valenciana. • En Cataluña: el castellano es la lengua materna de un 55%, el catalán de un 32%. • El castellano es predominante en las zonas urbanas. **Islas Baleares:** • La variedad del catalán en las Islas Baleares se llama «balear». • El castellano es predominante en Palma de Mallorca e Ibiza y el catalán en Menorca y las zonas rurales de Mallorca. **Comunidad Valenciana** • La variedad del catalán en la Comunidad Valenciana se llama «valenciano». • Existen dos zonas: una monolingüe castellana y otra bilingüe valenciana.	• Lengua cooficial en Galicia. • Emparentado[6] con el portugués. • Un 51% de la población usa habitualmente más el gallego. • El castellano es la lengua más hablada en las zonas urbanas, el gallego lo es en las zonas rurales.	• Lengua cooficial en el País Vasco y en el norte de Navarra • Existen seis dialectos (*euskalkiak*) y una variedad estandarizada, el *euskera batúa*. • Es hablado por casi un millón de personas (un 2% de la población). • Se desconoce la procedencia de esta lengua.

Vocabulario

1 la variedad: la diversidad
2 CC. AA.: abreviatura de «Comunidades Autónomas»
3 rioplatense: de la región del Río de la Plata (que separa Argentina de Uruguay)
4 derivado/-a de: procedente de, que tiene el origen en
5 cooficial: oficial junto a otra lengua
6 emparentado/-a con: relacionado/-a con, de la familia de

«También la lluvia»

1 Ficha técnica

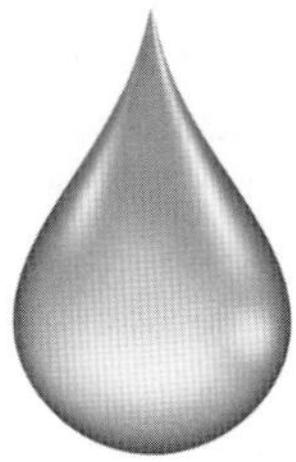

Directora	Icíar Bollaín
Guionista	Paul Laverty
Duración	103 min.
Año	2010
Coproducción	Francia, España y México
Género	Película histórica: • La conquista de América por los españoles • La Guerra del Agua en 2010 en Bolivia
Estructura	Película dentro de una película
Personajes principales	• **Sebastián** (Gael García Bernal) Director de la película; quiere reflejar en su película la verdadera historia de Cristóbal Colón • **Costa** (Luis Tosar) Amigo de Sebastián y productor de la película; solo le interesa rodar la película lo más barato posible • **Daniel / Hatuey** (Juan Carlos Aduviri) Protagonista indígena de la película de Sebastián; se convierte en el líder de la revuelta; tiene dos papeles: – Daniel = el actor boliviano de origen indígena que lucha por sus derechos y el de los suyos – Hatuey = personaje de origen indígena en la película ficticia
Web en español	www.tambienlalluvia.com
Nota	La película se rodó en Bolivia con un presupuesto de cinco millones de euros, un equipo de 300 personas y 4000 extras[1].

2 Contenido y estructura de la película

La película se basa en un guion de cine que presenta diversos temas de manera paralela gracias a la idea de hacer una **película dentro de una película**. También se usa la grabación de un documental *(making-of)* de la película para presentar los acontecimientos.
Con estos recursos (rodaje de una película histórica, documental de cómo se rueda, acontecimientos fuera del rodaje) se pueden presentar paralelamente la situación de los **indígenas durante la conquista** de los españoles y **en el presente** con los actuales «conquistadores», las empresas privadas.
Antes como ahora, son los más pobres los que sufren las consecuencias de la tiranía del dinero y del poder, como en el caso de la Guerra del Agua. Además, la producción de la película (dentro de la película) es un ejemplo de **explotación moderna**. Se elige Bolivia (aunque los acontecimientos históricos suceden en otro lugar) por ser el país más barato, tanto a nivel logístico (alojamiento, materiales…) como a nivel humano (actores y extras).

Estructura de la película

La película está dividida en **diez capítulos**.

Capítulo 1

- El equipo de la película llega a **Cochabamba** (Bolivia).
- ***Casting*** de los indígenas: una larga cola de mujeres, jóvenes y ancianos esperan; Daniel insiste y Sebastián promete verlos a todos.
- **Conversación** en el coche: Costa, Sebastián y María van en el coche por la selva y hablan de la película; Bolivia es la opción más económica, aunque para Sebastián no tenga sentido.
- La **cruz** en la montaña:
  - Subida con el helicóptero
  - Algunos peones[2] **levantan la enorme cruz** con cuerdas; en el primer intento se cae (no hay seguridad en el trabajo), pero nadie resulta herido

Capítulo 2

- En el hotel: los actores **ensayan una escena** de la película que van a rodar, Antón es Colón.
- Sebastián quiere a Daniel para el personaje de Hatuey.
- Se rueda **la primera escena** de la película: Colón les pide a los indios oro.
- Presentación de los personajes (documental)
  - Bartolomé de las Casas: Alberto
  - Antonio de Montesinos: Juan
  - Entrevista a Daniel, tema del **agua** (quieren traer el agua al barrio), **ataque** a trabajadores de la empresa del agua

Capítulo 3

- Cena del **equipo de la película**: discusión sobre la figura de Bartolomé de las Casas.
- Las mujeres del barrio se enfrentan a la policía porque **cierran el pozo**[3].
- Juan ensaya el sermón[4] de Montesinos.
- **Discurso de Daniel** delante de la empresa privada «Aguas de Bolivia», Costa lo observa.
- María quiere **hacer un documental** sobre la revuelta del agua.

Capítulo 4

- Antón **ensaya su papel** (primera carta de Colón a los Reyes Católicos), Costa y Antón conversan en la habitación del hotel sobre los problemas del actor.
- Daniel y su hija Belén **visitan el rodaje**: Costa habla con Daniel → le pide que deje la protesta; Costa recibe una llamada, insulta a los indígenas en inglés, pero Daniel lo entiende.
- **Escena de la película**: los indígenas entregan oro a los conquistadores → castigos brutales si entregan poco.
- Con los actores y Costa, Belén ve la escena en la que aparece ella.
- Daniel va a buscar a su hija.

Capítulo 5

- En la habitación del hotel: Costa reflexiona.
- Costa **se disculpa** con Daniel delante de su casa.
- **Desplazamiento**[5] **del equipo** de la película por Bolivia.
- **Escena de la película**: huida de los indígenas y persecución por parte de los conquistadores.
- Sebastián se emociona al leer la escena en el guion.
- **Escena de la película**: Las mujeres indígenas ahogan[6] a sus hijos para que no los lleven los conquistadores → las extras se niegan a hacerlo.
- Daniel quiere **manifestarse en Cochabamba** y llama a la gente a seguirle.
- Los bolivianos afectados por la falta de agua **se manifiestan** en la plaza mientras el equipo es recibido por el alcalde.

Capítulo 6

- En la recepción con el alcalde, **el equipo defiende** la protesta.
- **Lucha** en la calle.
- Costa y Sebastián en el coche: llamada del asegurador que quiere que el equipo se vaya de Bolivia.
- Van a la casa de Daniel. Está herido. Costa **ofrece dinero a Daniel** para que deje las protestas.
- Se prepara el rodaje para la escena de las crucificaciones.
- Noticias en la tele sobre las **luchas violentas** en Cochabamba: el equipo ve como **detienen a Daniel**.

Capítulo 7

- Costa y Sebastián **sacan a Daniel de la cárcel**.
- Costa y Sebastián llevan a Daniel a su casa.
- En la habitación del hotel: Costa reflexiona; recibe una llamada.
- El equipo va a salir a rodar.
- Sebastián está en su habitación de hotel, **no puede más** con la situación.
- Rodaje de **la escena de las crucificaciones** con Montesinos protestando.

Capítulo 8

- Fin de rodaje de la escena de la crucificación; **la policía** va a buscar a Daniel.
- Los compañeros bolivianos **ayudan a escapar** a Daniel (vuelcan el coche).
- Presentación de la revuelta en la televisión.
- El equipo **quiere irse de Bolivia** (con excepción de Antón), tiene miedo. Costa tranquiliza al equipo y propone llevarlo a un lugar seguro.
- Cuando el equipo sale, Teresa (la mujer de Daniel) **pide ayuda a Costa**.
- Costa **decide ayudar** a la hija de Daniel y se va con Teresa en coche.

Capítulo 9

- El equipo escucha la radio en el coche mientras sale de Cochabamba.
- Costa y Teresa entran en Cochabamba en coche.
- Los militares paran el convoy del equipo.
- Costa y Teresa cruzan las calles de Cochabamba durante las **luchas callejeras**. **Encuentran a Belén** herida gravemente.
- El equipo de la película se separa: **Antón y Sebastián se quedan** y el resto del equipo se dirige al aeropuerto.
- Costa y Teresa están **en el hospital**. Los médicos le han salvado la vida a Belén, pero la pierna no le va a quedar bien.

Capítulo 10

- Costa observa cómo ha quedado «Aguas de Bolivia» tras las luchas callejeras.
- Costa observa cómo ha quedado el taller cinematográfico. Daniel y Costa se encuentran y **se despiden**; Daniel le da un regalo.
- Costa va en taxi camino al aeropuerto y mira la ciudad y a sus gentes. Desenvuelve el regalo de Daniel: es una botella de agua.

Vocabulario

1 el/la extra: persona que aparece en una película sin tener un papel importante
2 el peón/la peona: trabajador/-a no cualificado/-a
3 el pozo: *Brunnen*
4 el sermón: *Predigt*
5 el desplazamiento: movimiento para cambiar de lugar
6 ahogar a alguien: matar a alguien metiéndolo bajo el agua durante largo tiempo

3 Personajes

Personajes principales

DANIEL

Joven boliviano de origen indígena. Está casado con Teresa y tiene una hija (Belén) de 12 años. En la película desempeña el papel de Hatuey (el cacique taíno). Es un líder que lucha por la justicia y por sus derechos. Continúa en la película porque necesita el dinero para mantener a su familia.

Objetivos:
- Conseguir agua para sus vecinos y un futuro para su familia.
- Luchar por las injusticias.

Frase: «Sin agua no hay vida».

Momentos de enfrentamiento de Daniel:
- Se enfrenta a la mujer del *casting* para que todos sean recibidos. Gana la batalla y es elegido por Sebastián.
- En Cochabamba delante de la empresa «Aguas de Bolivia» llama a la manifestación.

Obstáculos a los que se enfrenta:
- Injusticias por ser indígena y pobre → luchar contra la subida del precio del agua, el poder de una compañía multinacional, el gobierno de Cochabamba y sus injusticias.
- Sacar a su familia de la pobreza (necesidad de trabajar en la película por dinero).

Relación de Daniel con...
Costa: Tienen un conflicto causado por la postura «explotadora[1]» de Costa. A este solo le interesa el rodaje. Costa ofrece dinero a Daniel para que deje las protestas. Sin embargo, la relación evoluciona a lo largo de la película. Llegan a ser amigos y esta amistad y el respeto por Daniel hacen cambiar el punto de vista de Costa. Daniel es el personaje antagonista de Costa.

Sebastián: El director se siente fascinado por Daniel y lo elige como actor de su película.

COSTA

Productor español de treinta y muchos años. Hombre inteligente de aspecto fuerte y de carácter duro. Para él, el dinero puede solucionar todos los problemas. Costa cambia su forma de ver la vida a lo largo de la película. Ayuda a Teresa a salvarle la vida a Belén.

Objetivo del personaje: Terminar el rodaje de la película rápidamente y con un presupuesto muy bajo.

Frase: «Respecto a los indígenas: Son todos iguales…».

Obstáculos a los que se enfrenta: Los disturbios, los miedos del equipo, las autoridades y la policía, el compromiso político de Daniel.

Relación de Costa con…
Sebastián: Costa y Sebastián son muy diferentes, pero a pesar de todo son amigos y compañeros de trabajo. Costa es el productor de la película que dirige Sebastián. Evolucionan de forma diferente a lo largo de la película.

Daniel: Costa y Daniel pasan del enfrentamiento a la amistad.

SEBASTIÁN

Guionista y director de la película (treinta y pocos años). Tiene talento, es sensible y cabezota[2]. La situación le supera en algunos momentos. Su película trata de la opresión de la población autóctona por los conquistadores. Irónicamente, no ve que esta opresión persiste en el presente.

Objetivo del personaje: Rodar una película que muestre la realidad de la colonización española.

Obstáculos a los que se enfrenta: El bajo presupuesto para el rodaje, la revolución del agua, sus propios valores personales (la gente y su causa o terminar de rodar la película).

Relación de Sebastián con…
Costa: Son amigos. Para Sebastián, Costa es un gran apoyo en sus proyectos. Gracias a él puede llevar a cabo el sueño de rodar la película sobre la colonización.

Daniel: Para Sebastián es el actor perfecto para el personaje de Hatuey. Siente afinidad y respeto por su causa, pero su prioridad es el rodaje de la película.

Personajes secundarios

ANTÓN

Es un actor potente en su trabajo (representa a Colón) y un hombre lleno de contrastes y de reacciones inesperadas. Personaje más presente dentro y fuera de la película de ficción. Tiene problemas con el alcohol, es crítico, radical y a veces grosero[3]. Sus comentarios llevan un mensaje para analizar. Asume riesgos porque no tiene nada que perder.

Objetivo del personaje: Terminar la película y decir y hacer siempre lo que piensa.

Obstáculos a los que se enfrenta: Su vida personal, su alcoholismo.

Su relación con...
Costa: Sabe que es el único que se atreve a acercársele. Costa quiere ayudarle a superar sus problemas porque tiene miedo a que no termine la película a causa de sus problemas con el alcohol.

Sebastián: Le permite ser descarado porque piensa que es un buen actor. Sebastián y Antón, además de Costa, son los únicos que se quedan en Bolivia y no huyen de la revuelta.

Los otros actores: Provoca a sus compañeros, sobre todo a Juan (Montesinos) y a Alberto (de las Casas). Les hace preguntas éticas que casi llevan al enfrentamiento.

JUAN

Actor que representa a Antonio de Montesinos, personaje histórico que aboga[4] por los derechos de los indígenas. Juan, por su parte, defiende la posición de su personaje, pero al final el miedo le vence. Abandona el país y a los indígenas que luchan por sus derechos.

Objetivo del personaje: Terminar su trabajo y volver a casa con su hijo recién nacido.

Obstáculos: Acaba de tener un hijo (argumento para no querer quedarse en el conflicto).

Su relación con...
Alberto: Existe camaradería y competencia a nivel de los personajes. Cada uno defiende la importancia de su personaje histórico.

Antón: No se deja provocar por Antón e intenta dar un tono de humor en las situaciones tensas con él.

ALBERTO

Representa a Fray Bartolomé de las Casas. A pesar de haberse mostrado a favor de la esclavitud en el pasado, Fray Bartolomé se convierte en el defensor del pueblo indígena y lucha contra la explotación de los indios por parte de los españoles. Alberto defiende a su personaje.

Objetivo del personaje: Terminar la película y defender a su personaje en la ficción.

Obstáculos a los que se enfrenta: El miedo.

Su relación con...
Juan: Al igual que con su personaje, Alberto se siente cerca de Juan. Pasan mucho tiempo juntos y tienen también varias escenas juntos.

Antón: Le produce rechazo y agresividad. Se deja provocar por él.

MARÍA

Cámara de la película. Joven, idealista y despierta. Es la encargada de grabar el *making-of*. A través de su cámara vemos algunas escenas tanto de la película que ruedan como de la vida paralela de los actores como Daniel y la situación con el agua. Es idealista, pero al final también abandona a Sebastián.

Objetivo del personaje: María es una simple observadora de lo que está pasando. Ella hace su trabajo y graba los documentales para el *making-of*. Pasa miedo y solo toma parte en las injusticias a través de su cámara.

Obstáculos a los que se enfrenta: El miedo.

Su relación con...
Sebastián: Tienen una buena relación. Ella admira el trabajo de Sebastián. Al final le abandona.

Daniel: Siente interés por su gente y su lucha. Le graba en su vida diaria.

Vocabulario

1 explotador/-a: que se aprovecha de alguien
2 cabezota: *stur*
3 grosero/-a: maleducado/-a, descortés
4 abogar por: defender, hablar a favor de alguien

4 Interpretación del título de la película

El título de la película se refiere a unas palabras que dice el protagonista, Daniel, en una protesta en contra del aumento de los precios del agua y la prohibición de recoger el agua de la lluvia para el uso privado. Es decir, se les niega a los habitantes de Cochabamba un «bien común» como es el aire, el sol o el viento, un bien que no debería pertenecer a nadie. Todos tienen el mismo derecho de utilizarlo.

5 Los temas de la película

La película presenta varios temas de forma paralela.

La privatización del agua

La privatización del agua en Cochabamba es la causa de la llamada **Guerra del Agua**. La multinacional[1] sube tanto el precio del agua que poblaciones indígenas y campesinas no pueden pagarla. Incluso la recogida de la lluvia es ilegal → no existe el derecho al agua.

Trasfondo histórico

- En el año 2000 solamente la mitad de la población de Cochabamba tenía servicio de agua. Se usaban «carros cisterna», vehículos que llevaban el agua a los barrios marginales.
- En enero del 2000 el gobierno boliviano firmó de la mano de Hugo Banzer, en aquel momento presidente, un contrato sobre **la privatización del suministro[2] del agua** de Cochabamba con una empresa llamada Aguas del Tunari (un consorcio empresarial con capitales de la empresa estadounidense Bechtel).
- Además, el gobierno **aprobó una ley** (la Ley 2029) que concedió a la multinacional amplios **derechos sobre los recursos hídricos**[3].
- Aguas del Tunari **subió mucho los precios** del agua para financiar el mantenimiento y la extensión del sistema del agua. Para la mayoría de la gente, el agua era impagable.
- Empezaron **las protestas** contra la política del gobierno y el comportamiento de Aguas del Tunari. Las manifestaciones y los medios de comunicación sirvieron para **unir a la población** en contra del consorcio.
- Los disturbios, cada vez más violentos, **se extendieron** también a otras partes del país. Trajeron una cantidad de manifestantes detenidos y heridos, incluso algún muerto, lo que hizo crecer aún más la rabia de la población.

- En abril, los ejecutivos de Aguas del Tunari huyeron de Cochabamba. El gobierno **invalidó el contrato** con la multinacional, la Ley 2029 se eliminó y el agua dejó de ser de propiedad privada. La empresa Bechtel demandó en 2001 a Bolivia, pero sin éxito (retiró la demanda a causa de protestas internacionales).
- Actualmente, los habitantes de Cochabamba siguen esperando una solución para el problema del agua.

La Guerra del Agua en la película

Ficción (película)	Realidad
Aguas de Bolivia (empresa privada)	Aguas del Tunari (empresa internacional Bechtel)
El prefecto (autoridad administrativa del gobierno en un lugar determinado, por ejemplo, la ciudad de Cochabamba)	Hugo Banzer (exdictador boliviano y presidente durante este periodo)
Daniel (líder de la revuelta)	Oscar Olivera/Evo Morales (líderes de las revueltas)
Belén (herida gravemente durante los disturbios)	muchos heridos; caso de Víctor Hugo Daza (muere durante los disturbios)

Debido a la subida de los precios del agua que no pueden afrontar, Daniel y otros indígenas se unen para **comprar un pequeño pozo** a siete kilómetros de su barrio. Todos juntos cavan una zanja[4] para poder traer el agua de lluvia con tuberías hasta sus casas. El pozo que construyen es, desde el punto de vista del ayuntamiento, ilegal. Por eso, los trabajadores de la empresa «Aguas de Bolivia», apoyados por la policía, clausuran el pozo.

Comienza la **rebelión dirigida por Daniel**. Las mujeres también tienen un papel importante en la rebelión puesto que luchan por el futuro de sus hijos: sin agua no hay vida. La lucha del pueblo, que llega a la violencia, tiene sus frutos. La ley que permite la subida de los precios no sale adelante.

En este hilo argumental[5] se reflejan los siguientes puntos:

- El **abuso de poder**) y el **efecto de la globalización** (la empresa que está detrás de la subida de los precios es una multinacional estadounidense).

- La **«nueva colonización»** de las empresas multinacionales que explotan los recursos (en este caso, el agua) de países en vías de desarrollo.
- La **falta de apoyo** municipal/estatal a los ciudadanos con pocos recursos → la falta de respeto por sus **derechos** (cita de la película: «Si cedemos un centímetro, estos indios nos llevarán de nuevo a la edad de piedra»).
- La **solidaridad** y el trabajo conjunto para solucionar los problemas de la comunidad, el **empoderamiento**[6] (Daniel como líder del movimiento, autoconfianza de los indígenas y campesinos).
- La situación de pobreza de muchos indígenas, en especial de los emigrantes indígenas en las ciudades (ejemplo: la casa de Daniel).

Vocabulario

1 la multinacional: agrupación de empresas internacionales, consorcio
2 el suministro: distribución y entrega
3 los recursos hídricos: el agua
4 la zanja: agujero alargado
5 el hilo argumental: tema o parte de la historia contada
6 el empoderamiento: acceso al poder de una persona desfavorecida

La situación de los indígenas en Bolivia y Latinoamérica

Bolivia es el país con mayor número de lenguas oficiales del mundo y en el que se reconocen oficialmente 37 pueblos indígenas.

- En Latinoamérica ha habido un **aumento de la población indígena** gracias a la menor tasa de mortalidad y la mejora de su valoración y de sus condiciones de vida, entre otros.
- La **conciencia indígena** ha aumentado en Latinoamérica, pero los indígenas sufren racismo, exclusión y pobreza, más que los pobladores[1] sin origen indígena. Además, tienen grandes problemas relacionados con sus tierras ancestrales[2] y el control de los recursos naturales.

- Aunque el **acceso a la educación** ha mejorado en Latinoamérica en general y en Bolivia en particular, existe una diferencia tanto a nivel de género como a nivel étnico. Los alumnos indígenas tienen la mitad de oportunidades de terminar la escuela secundaria que los de origen no indígena.
- La situación de los pueblos indígenas **cambia según el país** del que son. Por ejemplo, en Bolivia se reconocen sus derechos, incluso ha aumentado la participación de la población indígena en la política. No hay que olvidar que Bolivia tuvo el primer presidente de origen indígena, Evo Morales.

Los indígenas en la película

En la película se reflejan muchos problemas a los que tiene que enfrentarse la población indígena de Latinoamérica.

- La **emigración a la ciudad** de las zonas rurales → los indígenas habitan barrios periféricos[3] sin infraestructuras, largos caminos al trabajo (si lo tienen) (ejemplo: Daniel, su familia y su gente viven en las afueras de la ciudad de Cochabamba en condiciones de pobreza y casi en el destierro)
- La **situación laboral** de los indígenas (ejemplo: Daniel promete dejar de implicarse en la revuelta a cambio de dinero; la gente camina kilómetros para participar en el *casting*).
- La **vivienda** y los **servicios**: no existen casi (ejemplos: Costa dice a Daniel que con el dinero podrá salir de «esa casa»; Daniel y sus vecinos compran un pozo y construyen un canal).
- La **integración social**, el rechazo, la discriminación, los prejuicios (ejemplo: Costa no cuenta con que Daniel hable inglés; el prefecto dice que no se puede ceder a los indios porque significaría volver a la edad de piedra).
- La **identidad indígena**: mayor aceptación y orgullo de ser indígena (ejemplo: Daniel y sus vecinos luchan por sus derechos como ciudadanos bolivianos).

Vocabulario

1 el poblador/la pobladora: el/la habitante
2 ancestral: *der Vorfahren*
3 periférico/-a: en las afueras, lejos del centro

La conquista de América por los españoles

En 1492 Cristóbal Colón llegó al lugar que llamaron posteriormente América (ver también el capítulo 2 sobre el descubrimiento y la conquista de América). Durante los años de la **colonización** se cometieron **numerosos abusos**[1] a los pobladores del lugar. Los pueblos indígenas tenían más hombres, pero menos armas y tecnología bélica[2]. Además, los españoles llevaron enfermedades contra las que los indígenas no tenían defensas y morían. Muchos expertos opinan que la disminución de la población indígena puede considerarse como genocidio[3].

Colonización antes y ahora

Paralelamente se ven **la colonización del siglo XV** (película de ficción) y la del **siglo XXI** (los acontecimientos en el tiempo real y paralelos a la filmación).

La película de Sebastián quiere mostrar cómo fue la **colonización** de la América de Colón y las **crueldades** de los españoles en nombre de los Reyes Católicos y la religión. Colón tiene el papel del malo, mientras que Antonio de Montesino y Bartolomé de Las Casas son los buenos. Es sobre todo Antón quien presenta dudas, impulsando debates sobre el punto de vista de Sebastián.

- **Contraste** entre el Colón de la película y Antón (ejemplo: Colón abusa de los indígenas, pero Antón critica este abuso).
- Actores que **defienden el papel de sus personajes** en la historia (ejemplo: Alberto y Juan en sus roles como defensores de los indígenas; defienden a sus personajes de ficción, pero huyen del país durante la revuelta).

Paralelamente vemos que la época de la colonización y explotación aún no ha terminado a principios del siglo XXI:

- Hay **abusos económicos**, los europeos siguen enriqueciéndose a costa de los indígenas (ejemplos: Costa quiere ahorrar y se aprovecha de la necesidad de Daniel y su gente → paga dos dólares al día a los extras, coloca la cruz sin seguridad de las personas).
- Los europeos (Costa y su equipo) **viven con lujo** y se dejan servir por trabajadores indígenas (Antón critica que lo que va a sobrar de la comida en el restaurante es más de lo que gana una familia en un mes).
- Las empresas son los **conquistadores modernos** que invaden en el continente → los más pobres e indefensos todavía sufren la codicia de los demás; el capitalismo, el neoliberalismo no respetan sus derechos.
- El hecho de que los taínos caribeños son representados por los indígenas de Bolivia demuestra la **indiferencia europea** frente a estas culturas, tanto antes como ahora.

Vocabulario

1 el abuso: mal uso de algo o alguien para el propio beneficio; explotación
2 bélico/-a: de la guerra
3 el genocidio: eliminación sistemática de un grupo (normalmente un grupo étnico)

«El viejo que leía novelas de amor»

1 Ficha

Autor	Luis Sepúlveda
Año de publicación	1989
Género	Novela
Temas del capítulo 3	• La destrucción de la Amazonía (poder, corrupción) • La identidad (los indígenas, Antonio José Bolívar)
Ambientación	Ecuador (la selva amazónica)
Idioma	Español

2 Resumen del capítulo 3

Antonio José Bolívar Proaño es un hombre ya viejo que, aunque sabe leer, no sabe escribir. Disfruta con la lectura de las novelas de amor en su cabaña poco amueblada. Solo tiene una lupa para leer, una pastilla de jabón y una vieja foto de él con su mujer Dolores Encarnación del Santísimo Sacramento Estupiñán Otavalo, con quince años.
Cuando Antonio José y Dolores se casan, van a vivir con su suegro y cuidan de él hasta su muerte. Luego, con lo poco que tienen se van de San Luis porque al no quedar embarazada la mujer, la gente habla sobre quién de los dos es el culpable de la infertilidad. Deciden irse de allí aprovechando que buscan gente para la colonización de la Amazonia. Llegan a El Idilio y allí les dan algo de terreno, un par de machetes, palas[1] y semillas. Con eso empiezan a luchar contra la selva para sobrevivir. Sin saber pescar o cazar ni conocer la selva y sus peligros, no tienen forma de sobrevivir. Gracias a los shuar que les ayudan, aprenden a conocer la selva, pero les advierten que no tiene sentido cultivarla.
Dolores muere por fiebres el segundo año. Bolívar empieza a ir con los shuar, a hablar y a cazar con ellos. Los shuar siempre lo reciben con alegría.

Cuando una serpiente le muerde, pide ayuda a los shuar y ellos le salvan la vida y se queda definitivamente con ellos, aunque de vez en cuando tenía que irse. Se hace muy amigo de Nushiño, conoce y respeta las tradiciones de la tribu. Aunque no puede casarse con una shuar, puede compartir a sus mujeres. Paralelamente, los shuar tienen que desplazarse[2] con más frecuencia puesto que el hombre blanco invade cada vez más tierras de la selva, llegan más colonos y buscadores de oro.
Un día Antonio José descubre que se está haciendo viejo al fallar[3] el tiro al cazar y decide que tiene que regresar con los «blancos». Sin embargo, antes de que pueda hacerlo, unos buscadores de oro disparan a Nushiño y lo hieren de muerte. Nushiño le pide al viejo que acabe con su asesino para que su alma no vague por la selva. El viejo consigue matar al asesino de su amigo. Desgraciadamente, el viejo no sabe que al matarlo así, no ha muerto en paz y por eso, ha condenado a Nushiño a vagar por la selva. A los shuar no les queda más remedio que echarlo de su grupo.

Vocabulario

1 la pala: *Schaufel*
2 desplazarse: trasladarse a otro lugar
3 fallar: no tener éxito

3 Personajes del capítulo 3

Antonio José Bolívar Proaño
• Un hombre viejo (más de sesenta años) • Vive en El Idilio • Lee novelas para para abstraerse del mundo en el que vive • Se casa joven con Dolores Encarnación del Santísimo Sacramento Estupiñán Otavalo • No tienen hijos → José Antonio como un hombre solitario después de la muerte de la esposa • Conoce a la tribu indígena de los shuar, vive con ellos → los deshonra por accidente y tiene que abandonarlos

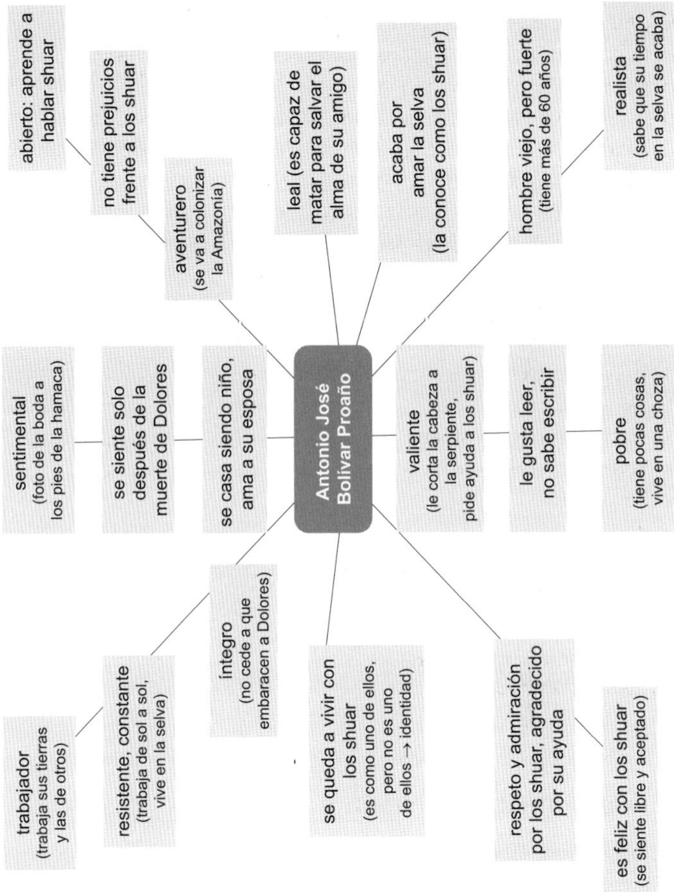
Antonio José Bolívar Proaño
abierto: aprende a hablar shuar
no tiene prejuicios frente a los shuar
aventurero (se va a colonizar la Amazonía)
leal (es capaz de matar para salvar el alma de su amigo)
acaba por amar la selva (la conoce como los shuar)
hombre viejo, pero fuerte (tiene más de 60 años)
realista (sabe que su tiempo en la selva se acaba)
sentimental (foto de la boda a los pies de la hamaca)
se siente solo después de la muerte de Dolores
se casa siendo niño, ama a su esposa
valiente (le corta la cabeza a la serpiente, pide ayuda a los shuar)
le gusta leer, no sabe escribir
pobre (tiene pocas cosas, vive en una choza)
trabajador (trabaja sus tierras y las de otros)
resistente, constante (trabaja de sol a sol, vive en la selva)
íntegro (no cede a que embaracen a Dolores)
se queda a vivir con los shuar (es como uno de ellos, pero no es uno de ellos → identidad)
respeto y admiración por los shuar, agradecido por su ayuda
es feliz con los shuar (se siente libre y aceptado)

Dolores Encarnación del Santísimo Sacramento Estupiñán Otavalo
• Esposa de Antonio José Bolívar Proaño • Muy religiosa • No puede tener hijos (sufre) • Sigue incondicionalmente a su marido (a la selva ecuatoriana/peruana) • Muere de malaria después de mudarse a El Idilio

Los shuar
• Indígenas amazónicos (llamados *jíbaros* por los colonos) • Aprecian la naturaleza, conviven con ella • Son nómadas y excelentes cazadores

Nushiño
• Shuar llegado de lejos • Tiene una bala de arma en la espalda (militares peruanos) → los shuar lo curan y le permiten quedarse (hermandad de sangre) • Gran amigo de Antonio, valiente y fuerte • Asesinado por un buscador de oro

Relación entre los personajes

Antonio José y Dolores

- Se conocen de niños.
- Sus padres los comprometen a los 13 años y se casan a los 15.
- Viven hasta los 18 en casa del padre de la mujer (es viudo y viejo).
- Cuidan al padre hasta la muerte a cambio de la herencia (que es insuficiente para vivir después de pagar los gastos del entierro).
- Viven del trabajo de Antonio José en sus pocas tierras y las de otros.
- Dolores sufre por no poder tener hijos, prueba toda clase de remedios[1].
- Abandonan el pueblo para escaparse de los muchos comentarios maliciosos de la gente sobre su esterilidad.
- Se instalan en el Idilio donde les espera una vida incómoda.
- Tienen una relación afectuosa (texto: «Antonio José Bolívar Proaño consolaba a su mujer»); Antonio José la ama (texto: «Quería vengarse de aquella región maldita de ese infierno verde que le arrebatara el amor y los sueños»).

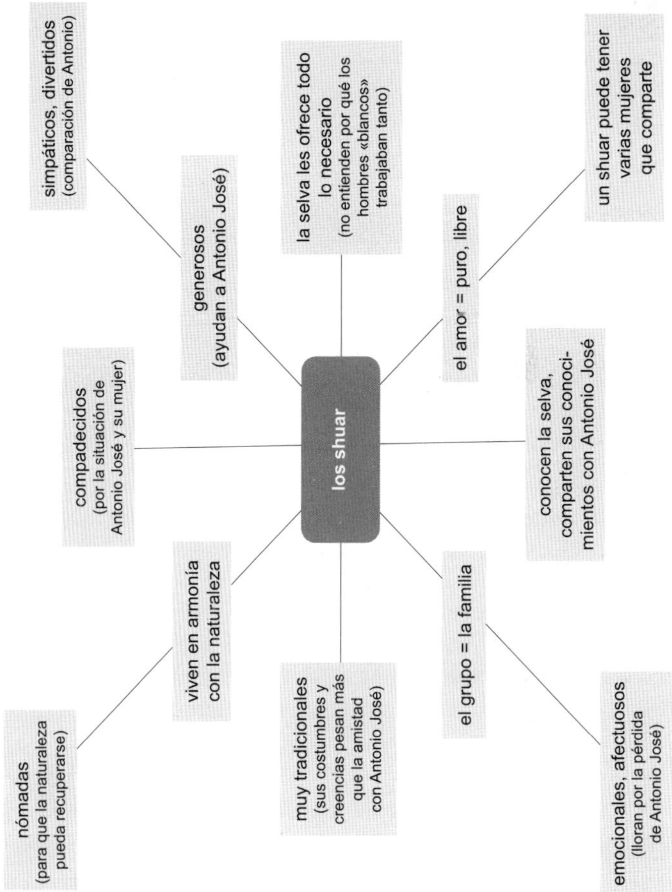
los shuar
simpáticos, divertidos (comparación de Antonio)
generosos (ayudan a Antonio José)
la selva les ofrece todo lo necesario (no entienden por qué los hombres «blancos» trabajaban tanto)
el amor = puro, libre
un shuar puede tener varias mujeres que comparte
compadecidos (por la situación de Antonio José y su mujer)
conocen la selva, comparten sus conoci-mientos con Antonio José
viven en armonía con la naturaleza
nómadas (para que la naturaleza pueda recuperarse)
muy tradicionales (sus costumbres y creencias pesan más que la amistad con Antonio José)
el grupo = la familia
emocionales, afectuosos (lloran por la pérdida de Antonio José)

Antonio José y Nushiño

- Son amigos.
- Juntos se van de cacería; Nushiño le explica la manera de vivir y pensar de los shuar.
- Tanto Antonio José como Nushiño han llegado «de lejos» (aunque Nushiño es un shuar).
- Nushiño, muriendo, le pide a Antonio que le traiga la cabeza de su asesino para que su alma pueda irse en paz → Antonio José mata al hombre por amor a su amigo (y a los shuar), quiere hacer lo justo, pero no lo hace de la manera correcta (con un dardo envenenado[2]).
- Según la creencia de los shuar, Antonio José se ha deshonrado y es «responsable de la eterna desdicha de su compadre» (cita del texto).

Antonio José y los shuar

- Los shuar salvan la vida de Antonio José en dos sentidos:
  - le ayudan a sobrevivir en la selva (texto: «Eran los shuar, que, compadecidos, se acercaban a echarles una mano»).
  - curan a Antonio José después de una mordedura de serpiente.
- Los shuar se muestran muy pacientes ante la ignorancia de los «blancos» (texto: «les ayudaron a desbrozar laderas de monte, advirtiéndoles que todo eso era en vano»).
- Los shuar, por su parte, son curiosos, quieren saber todo sobre la vida de Antonio José y su lugar de origen.
- Después de la muerte de Dolores, aceptan a Antonio José casi como a uno de ellos: habla su lengua, viste y se mueve como uno de ellos.
- Conoce sus secretos y participa en sus ritos; un shuar incluso le «presta» a una de sus mujeres.
- Sin embargo, no es uno de ellos (p. ej. cada cierto tiempo tiene que marcharse para que puedan alegrarse cuando vuelve).
- Despiden a Antonio José con mucho dolor después de la muerte de Nushiño (texto: «Sin dejar de llorar lo abrazaron)», pero no pueden actuar en contra de sus creencias.

Vocabulario

1 el remedio: la medicina
2 el dardo envenenado: *vergifteter Pfeil*

4 Temas del capítulo 3

La selva para los shuar y para los «blancos»

La selva para los shuar	La selva para el hombre «blanco»
La selva = fuente de **vida**, libertad y protección • No les interesa el dinero, no tienen que trabajar de sol a sol como el hombre blanco: la selva les da **lo que necesitan** (caza, pesca, frutos). • Se defienden con **sus armas** (dardos envenenados con curare).	La selva = fuente de **ingresos** (por su codicia de poder y riqueza) • **No hay respeto** por la selva ni por sus habitantes (ejemplos: las explosiones en el río matan los peces, pero no es para comerlos, sino para una vía de corriente; apuntan a los shuar con armas de fuego).
• Son **nómadas**: tres años en un sitio → se van → la naturaleza se recupera. • En la selva encuentran **hierbas curativas**.	• **Destrucción de la selva virgen** con máquinas, no puede regenerarse. • La selva como un «lugar salvaje» que hay que **someter**.

La destrucción de la Amazonía

- El hombre «blanco» abre caminos con máquinas, tala árboles, **destruye la naturaleza → desplazamiento** de los shuar hacia el oriente, perturbación de su ritmo nómada.
- El Gobierno fomenta la **colonización de la Amazonía** (por razones políticas; texto: «poblar territorios disputados al Perú») sin considerar…
  - el terreno: el suelo de la selva no sirve para la agricultura.
  - las necesidades de la gente que vive aquí (los indígenas).
  - las condiciones hostiles a la vida producen la muerte de muchos colonos.
- Se lleva a la selva el **alcohol** (sin medida ni rituales → perdición de los débiles).
- Los **buscadores de oro** no tienen escrúpulos, son codiciosos, buscan la riqueza rápida, asesinan a los indígenas.

habgierig

La identidad a través de los personajes

Antonio José

- A lo largo del tiempo, Antonio José se siente cada vez más un shuar, pero sabe que **no es uno de ellos** (texto: «era como uno de ellos, pero no era uno de ellos») (ver ejemplo de arriba: tiene que desaparecer cada cierto rato para que los shuar se puedan alegrar cuando vuelve).
- Se identifica con sus **reglas y tradiciones**:
  - sabe que tiene que irse cuando se es demasiado viejo.
  - piensa sobre su muerte: sin ser un shuar, será una ceremonia triste (la fiesta y los honores son reservados para los verdaderos shuar).
  - quiere actuar como un shuar, les agradece que le dejen ser parte de ellos.
- Fuera de los shuar no se siente parte de nada → **soledad**; los «blancos» piensan que está loco por su aspecto (semidesnudo) y su manera de vivir; también se ha alejado de la fe católica y de sus restricciones.
- A pesar de sus conocimientos sobre las tradiciones de los shuar, no es consciente de que está cometiendo un grave error al matar al buscador de oro con un arma de fuego.

Los shuar

- Se sienten **parte de la naturaleza**, comparten con ella el espacio.
- Las tradiciones son su **identidad individual** y de **grupo**; son fieles a sus costumbres (Antonio José deshonró al pueblo y por eso ya no puede pertenecer a su grupo).
- Comparten a sus mujeres (texto: «era el amor puro»).
- **Respeto** a todo ser vivo, incluso al «hombre blanco» (ayudan a Antonio José y a Dolores).
- **Honran** también a sus enemigos (les dejan morir con la expresión de valentía[1] en su cara → veneno de curare da esta expresión; reducción de cabezas[2] con la boca cosida[3] para que no se escape el valor).

Vocabulario

1 la valentía: *Mut*
2 la reducción de cabezas: los shuar momifican y conservan las cabezas de los enemigos
3 coser: *(zu)nähen*